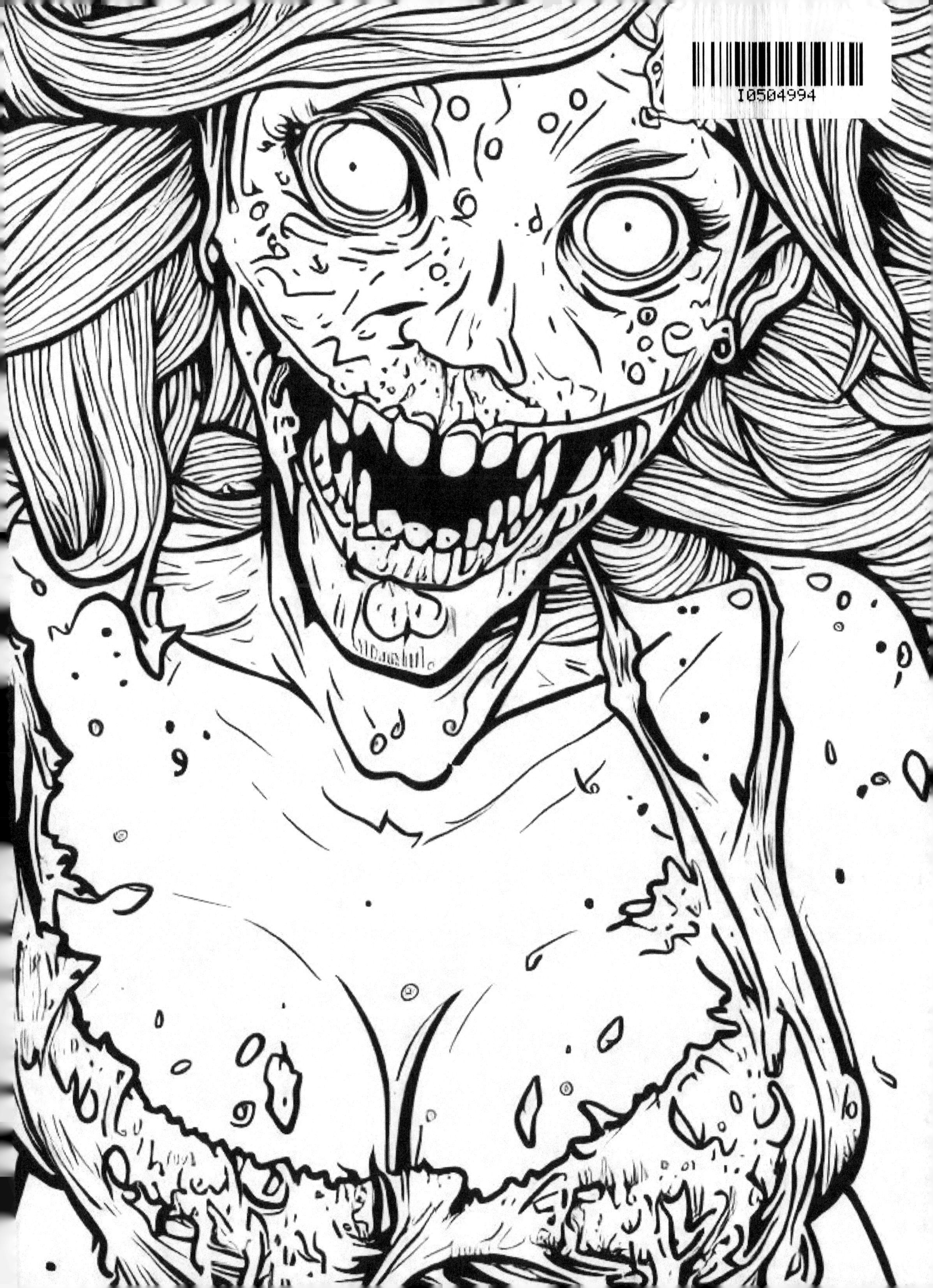

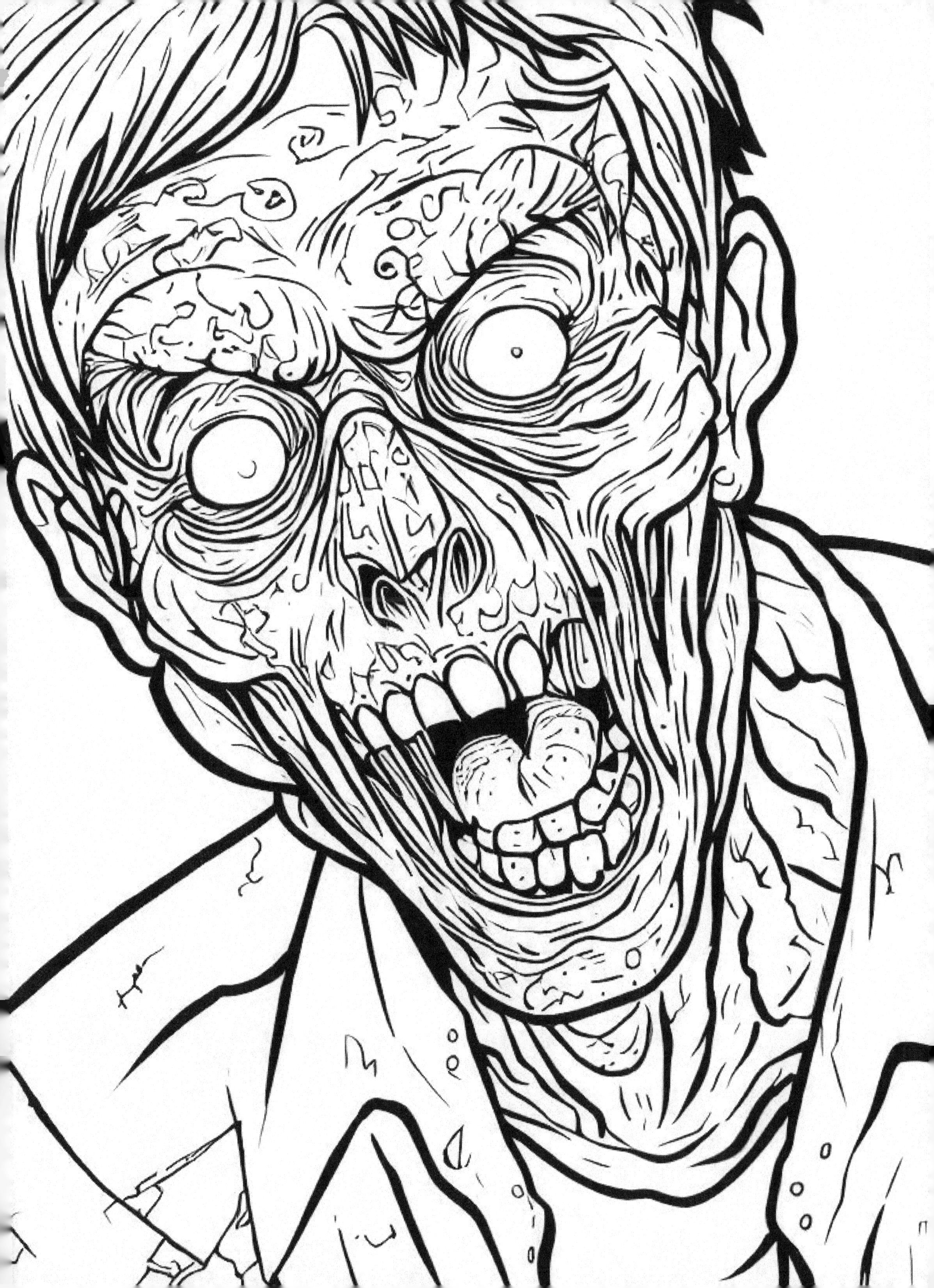

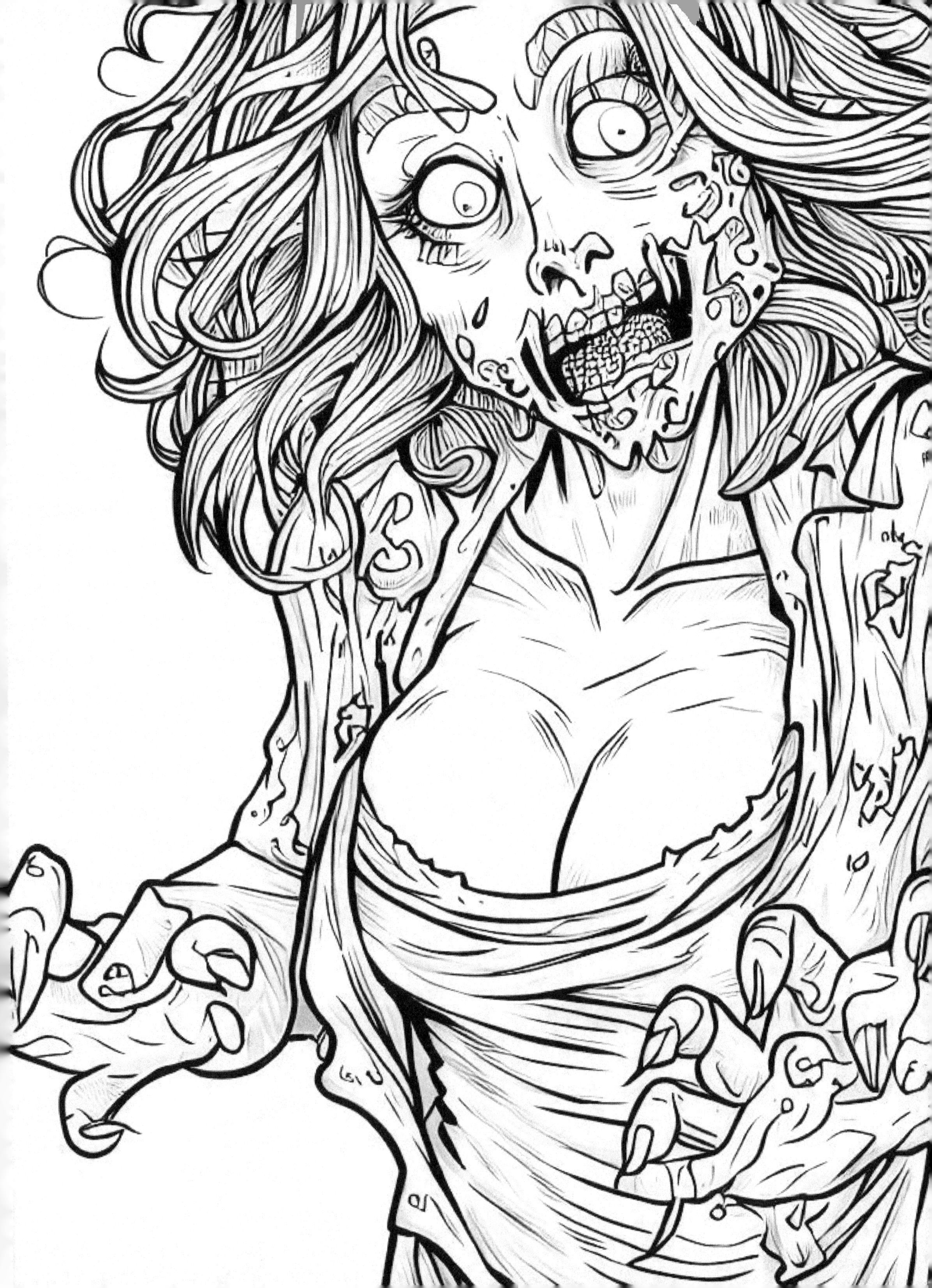

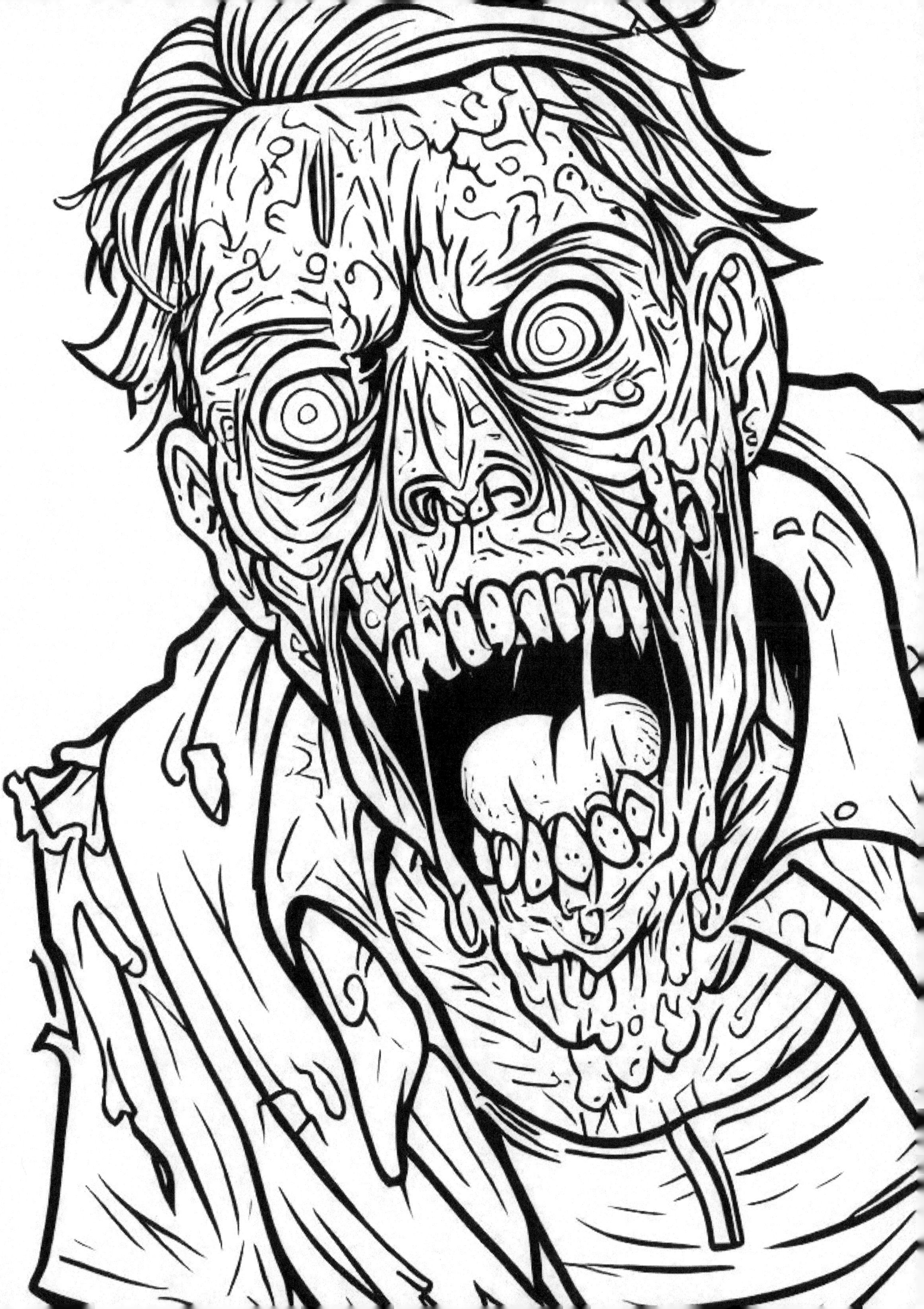

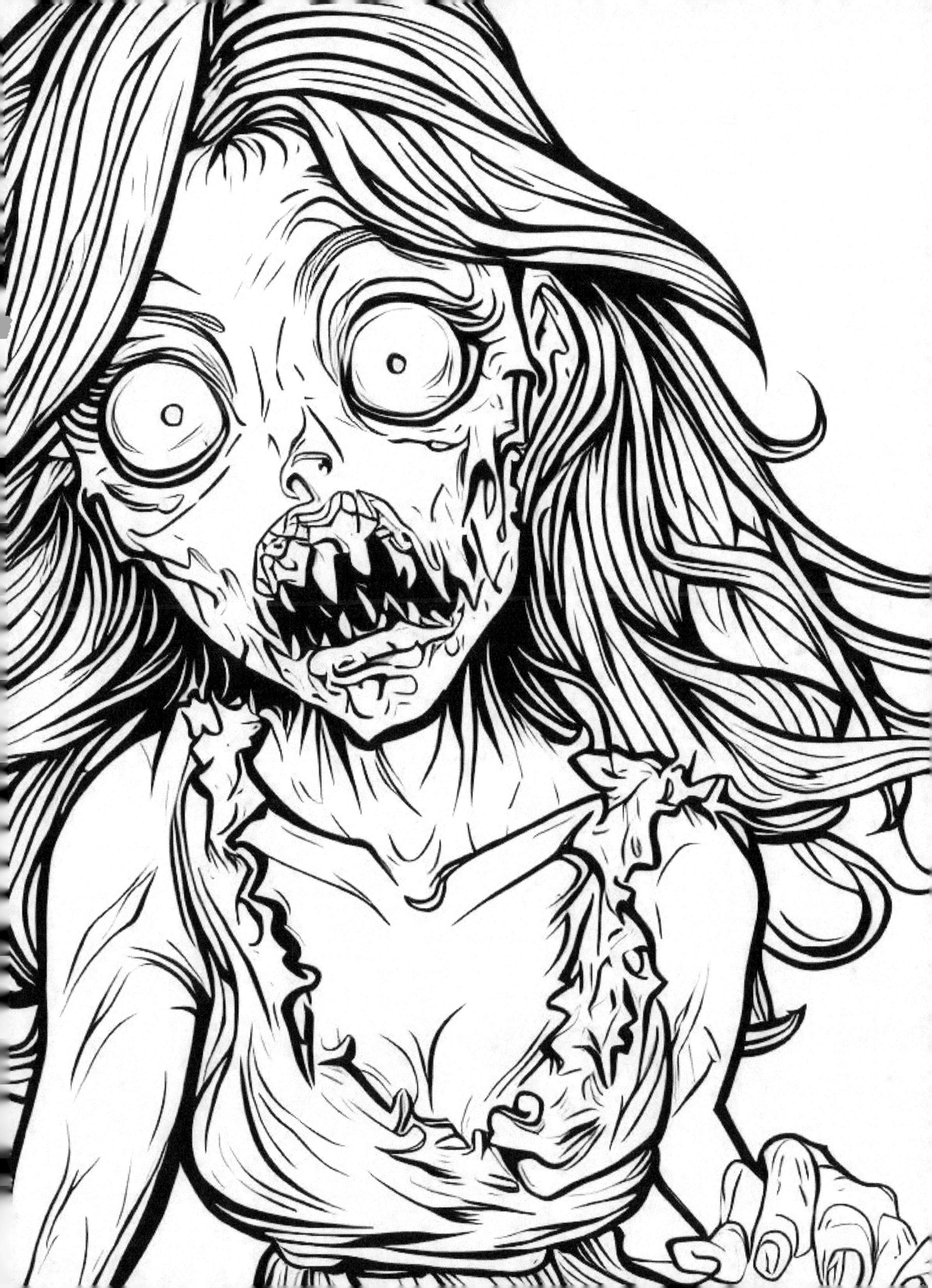

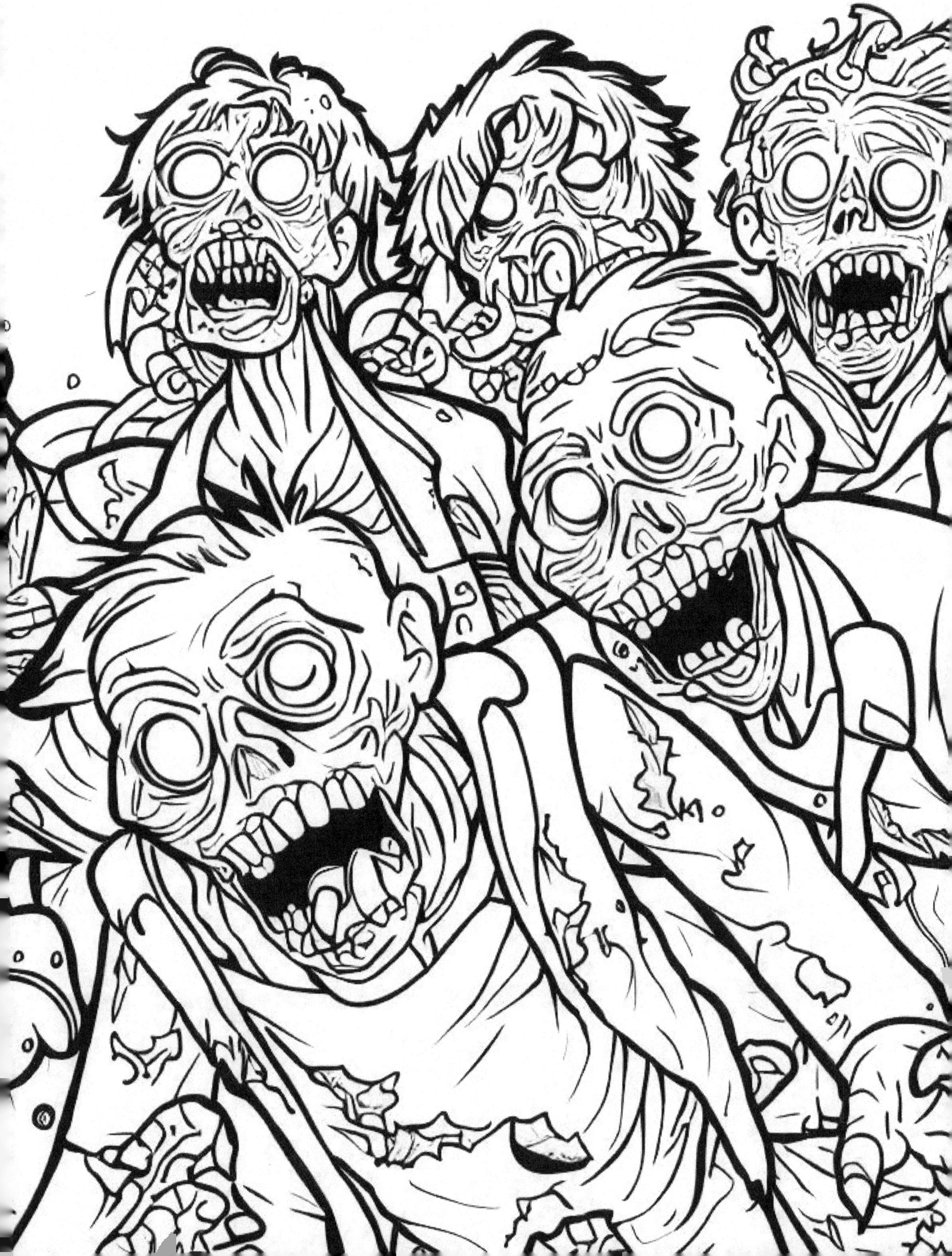

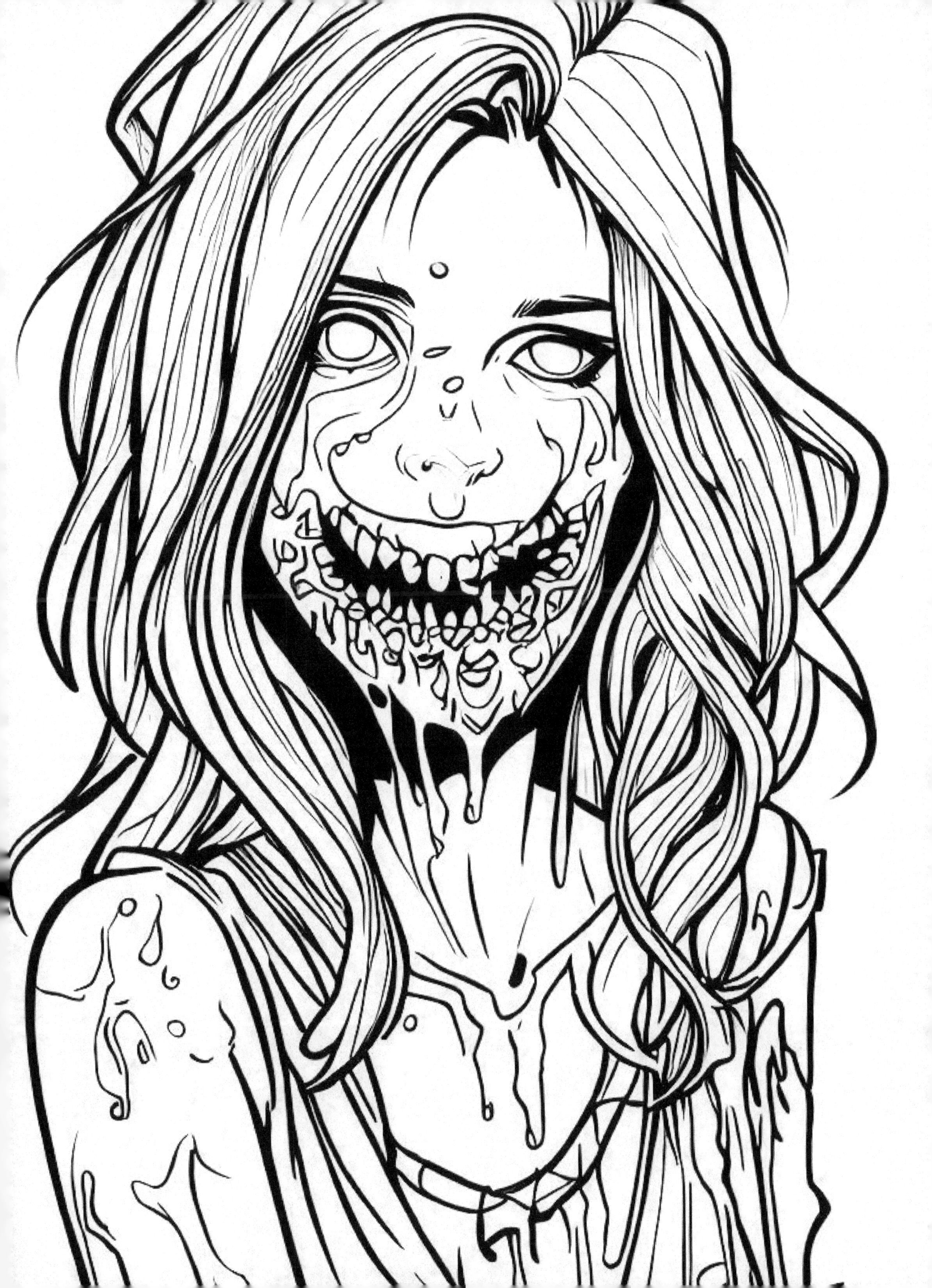

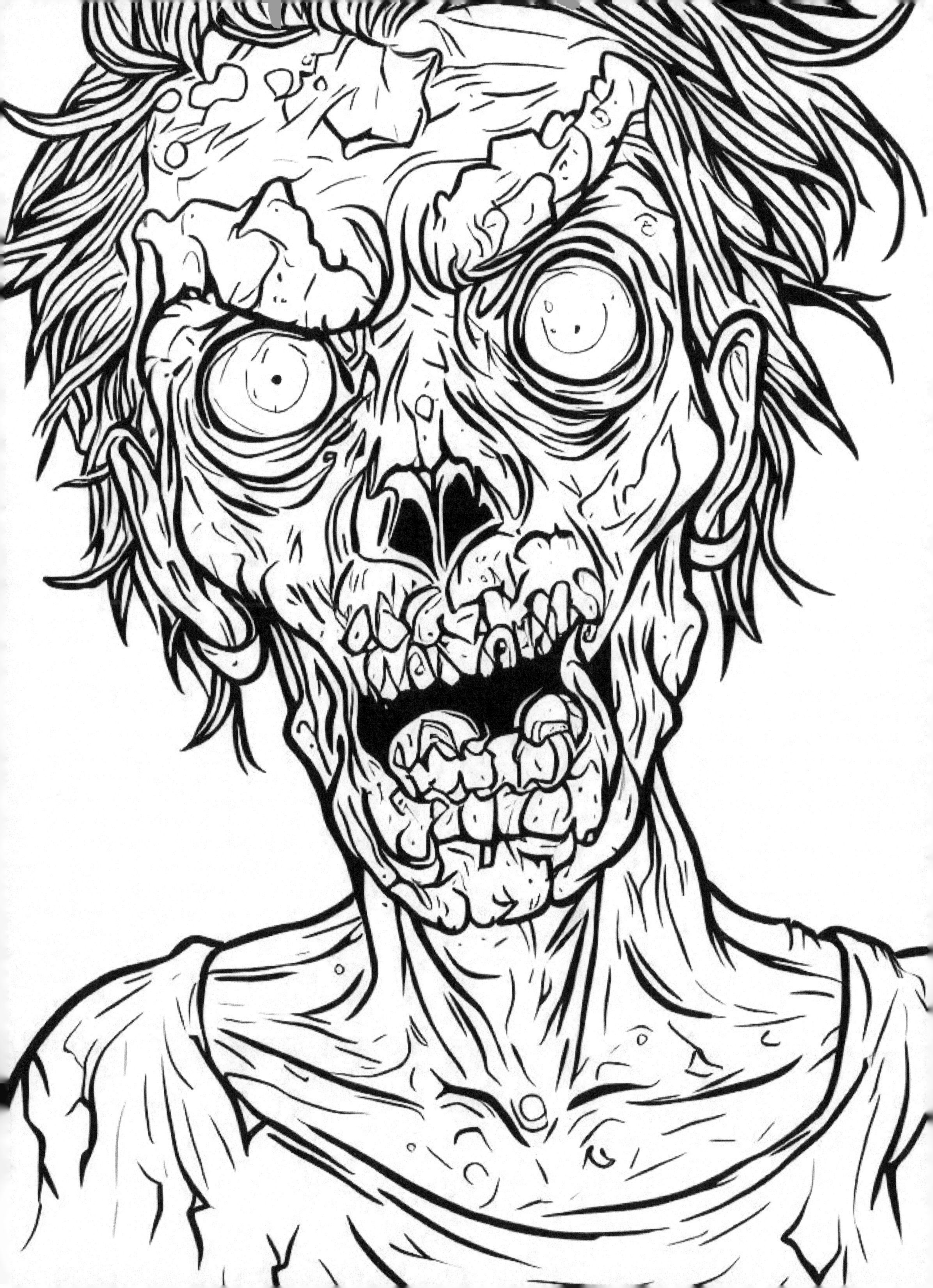

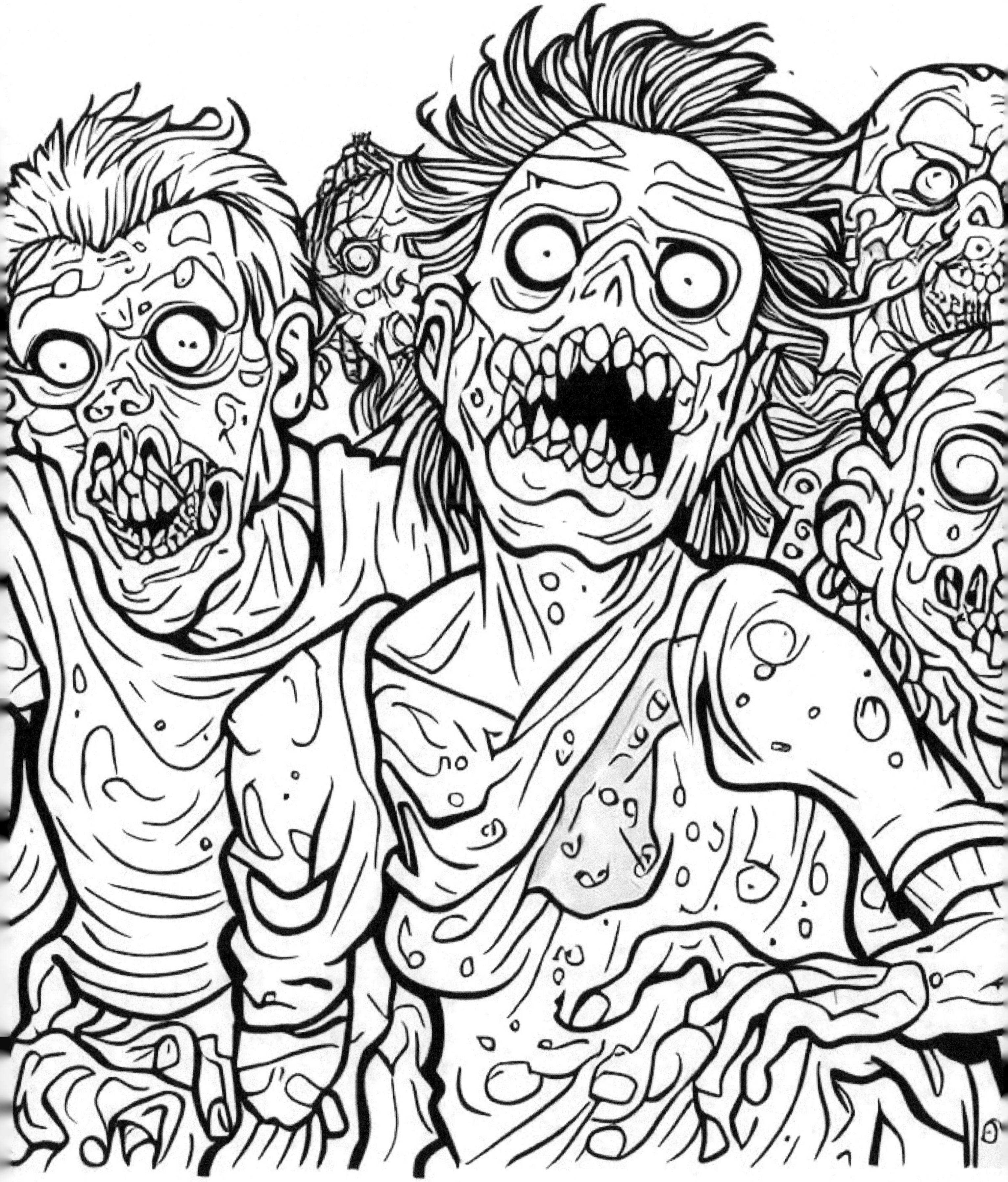

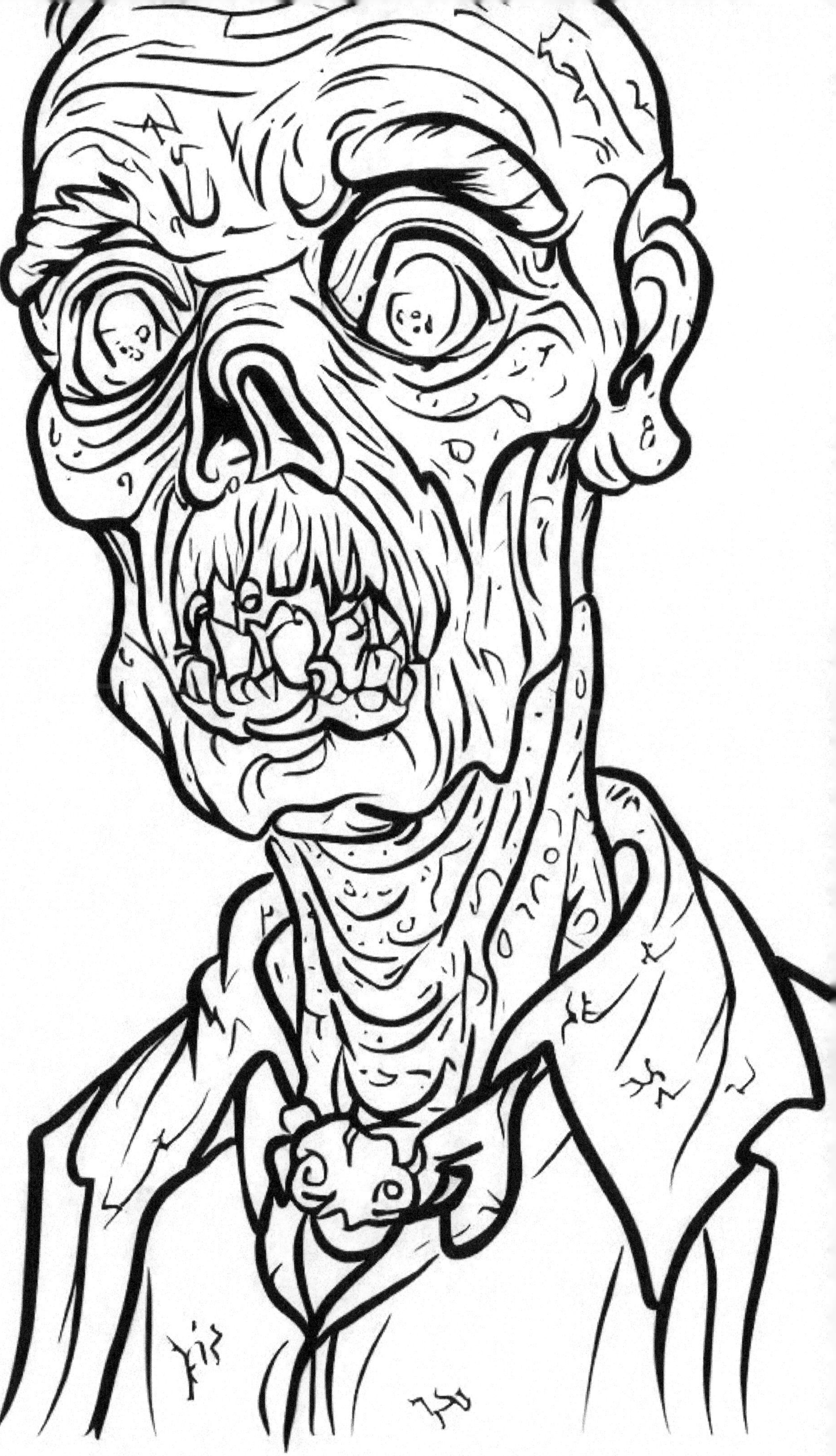

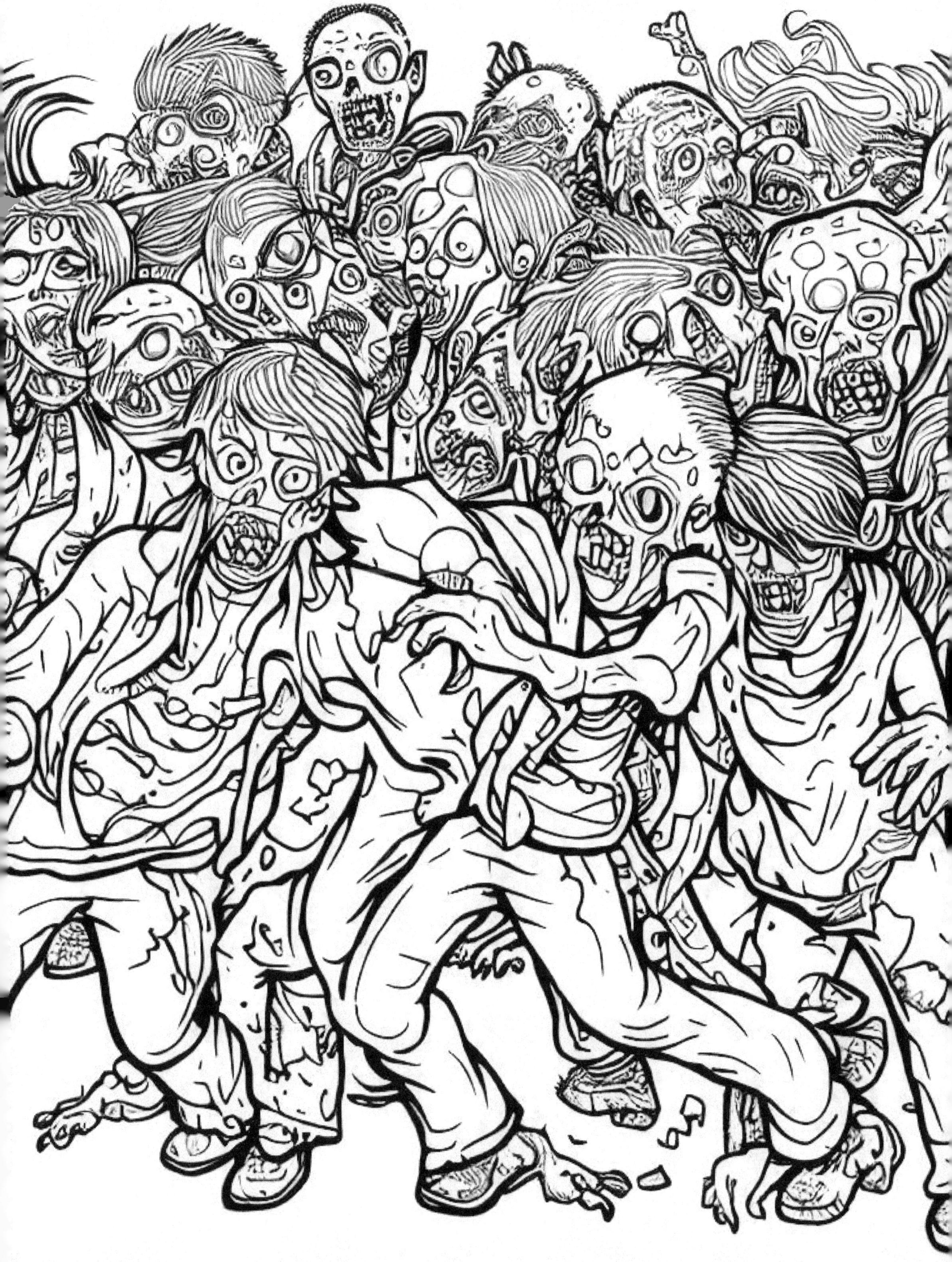

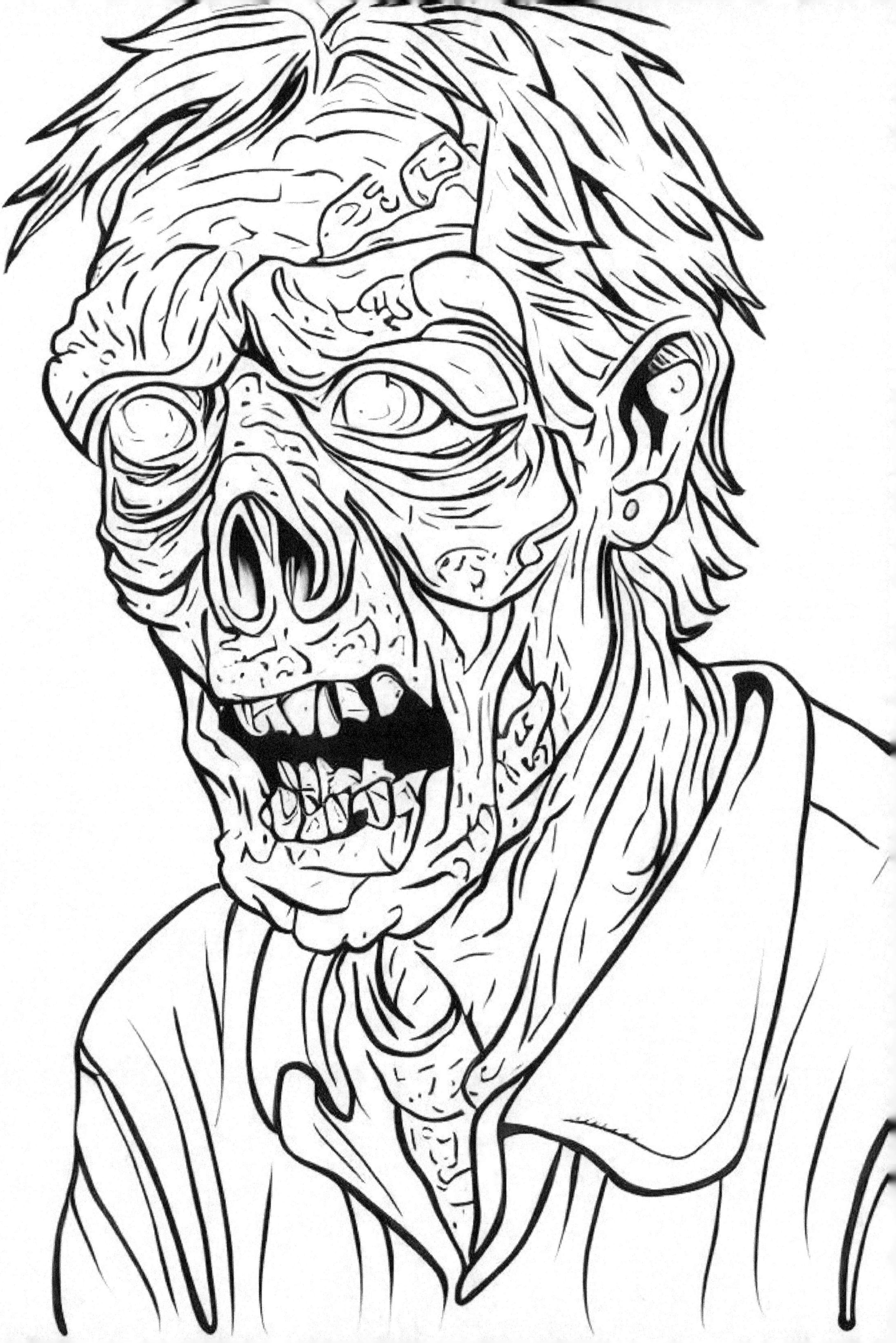

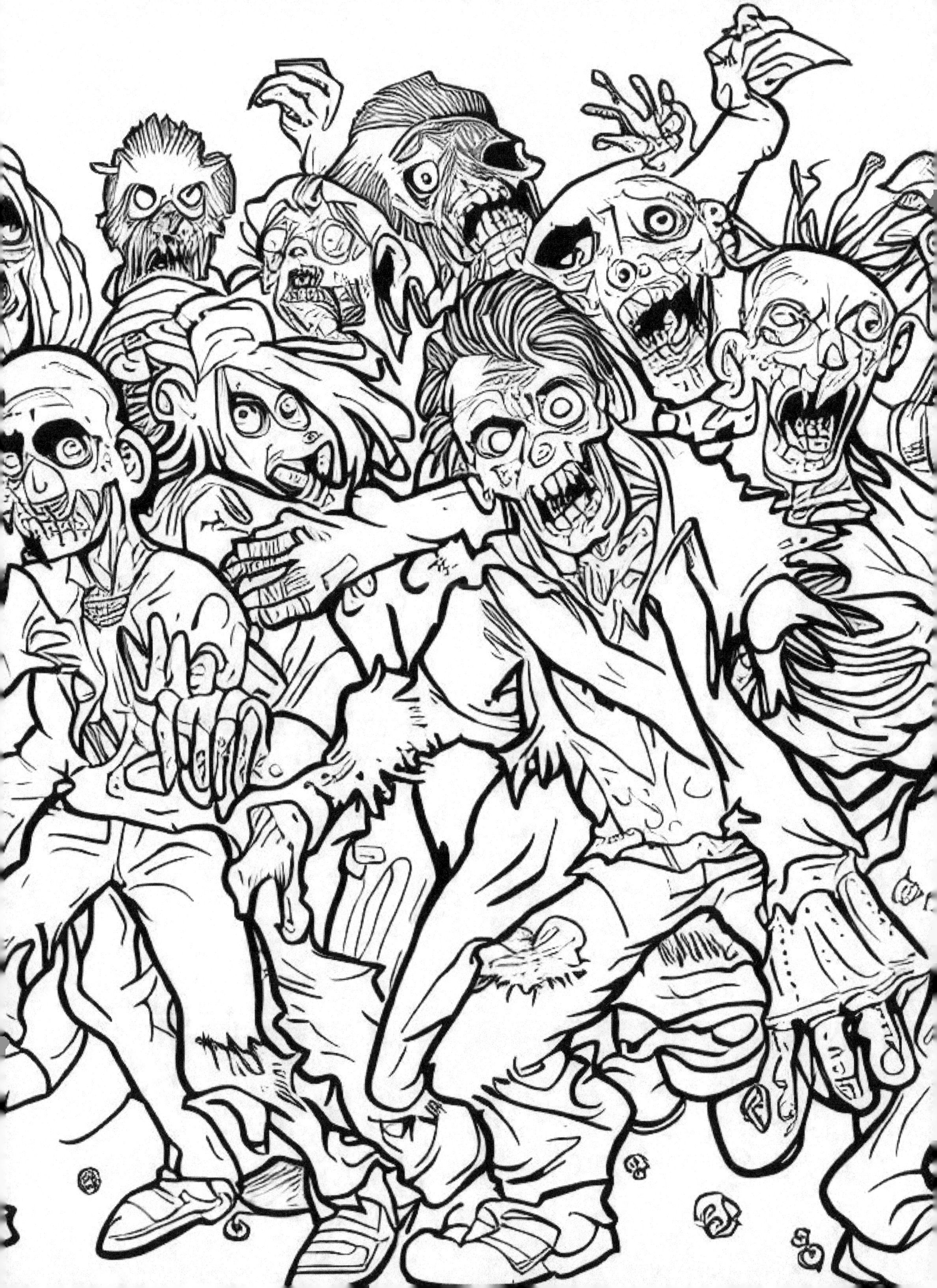

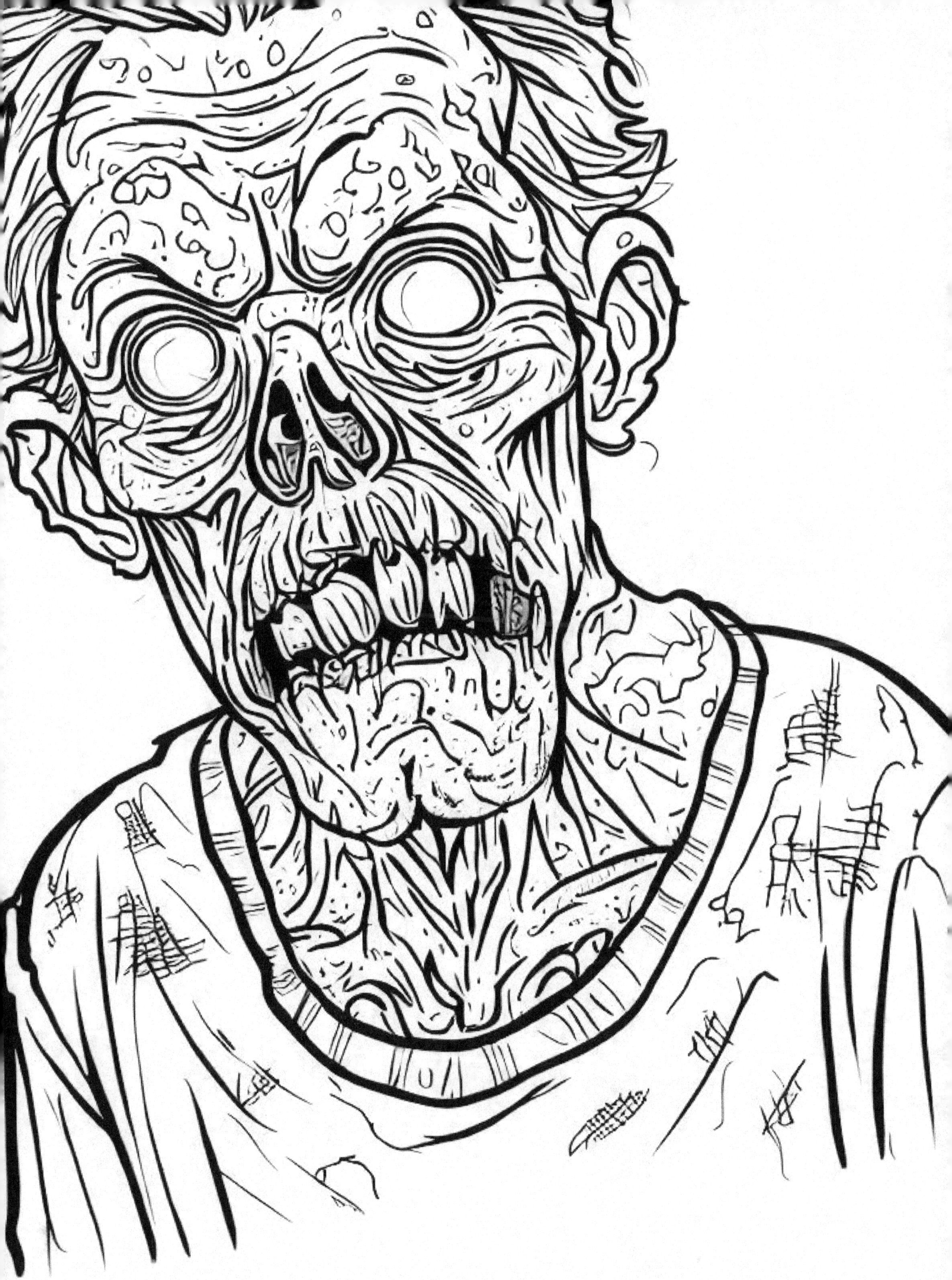

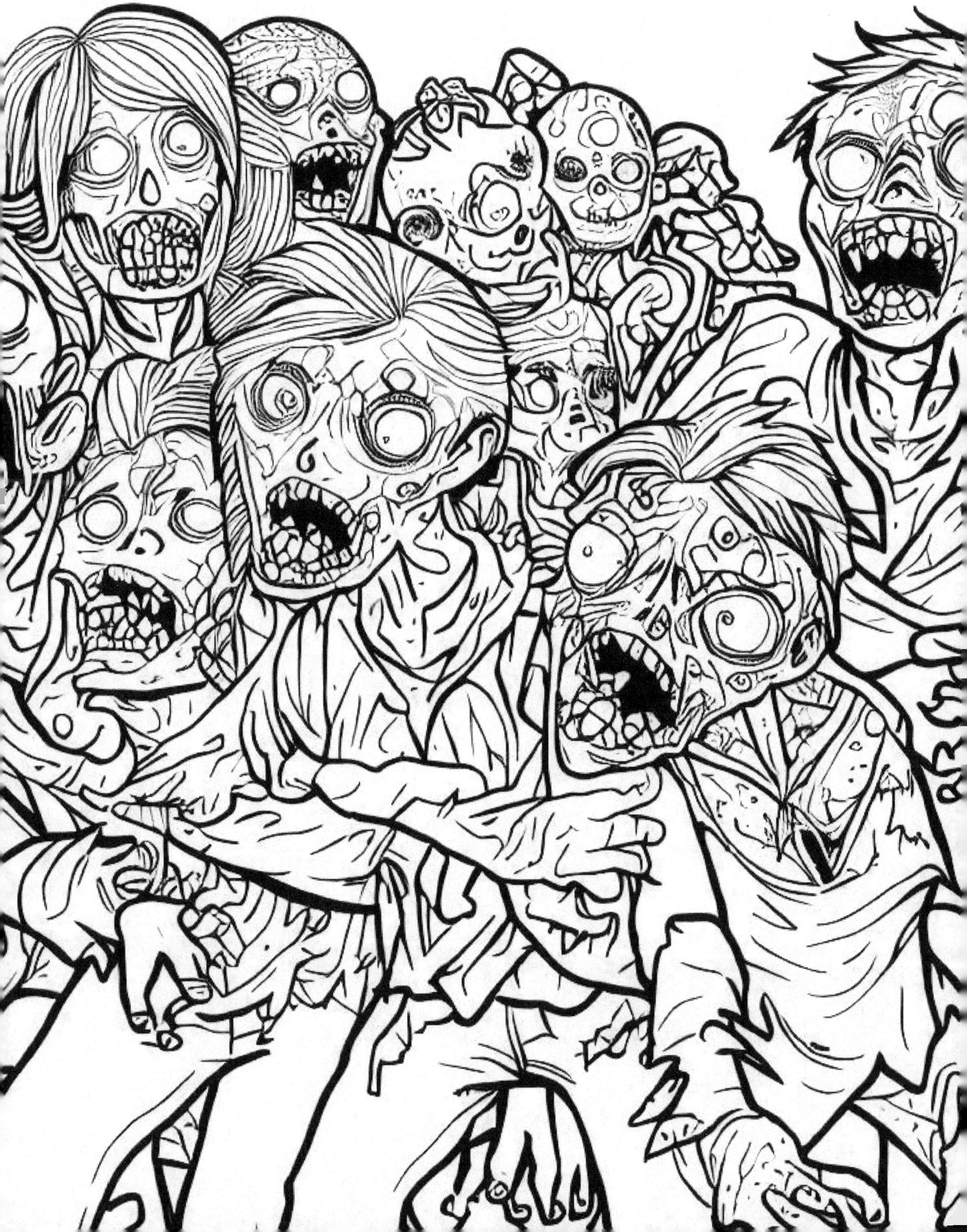

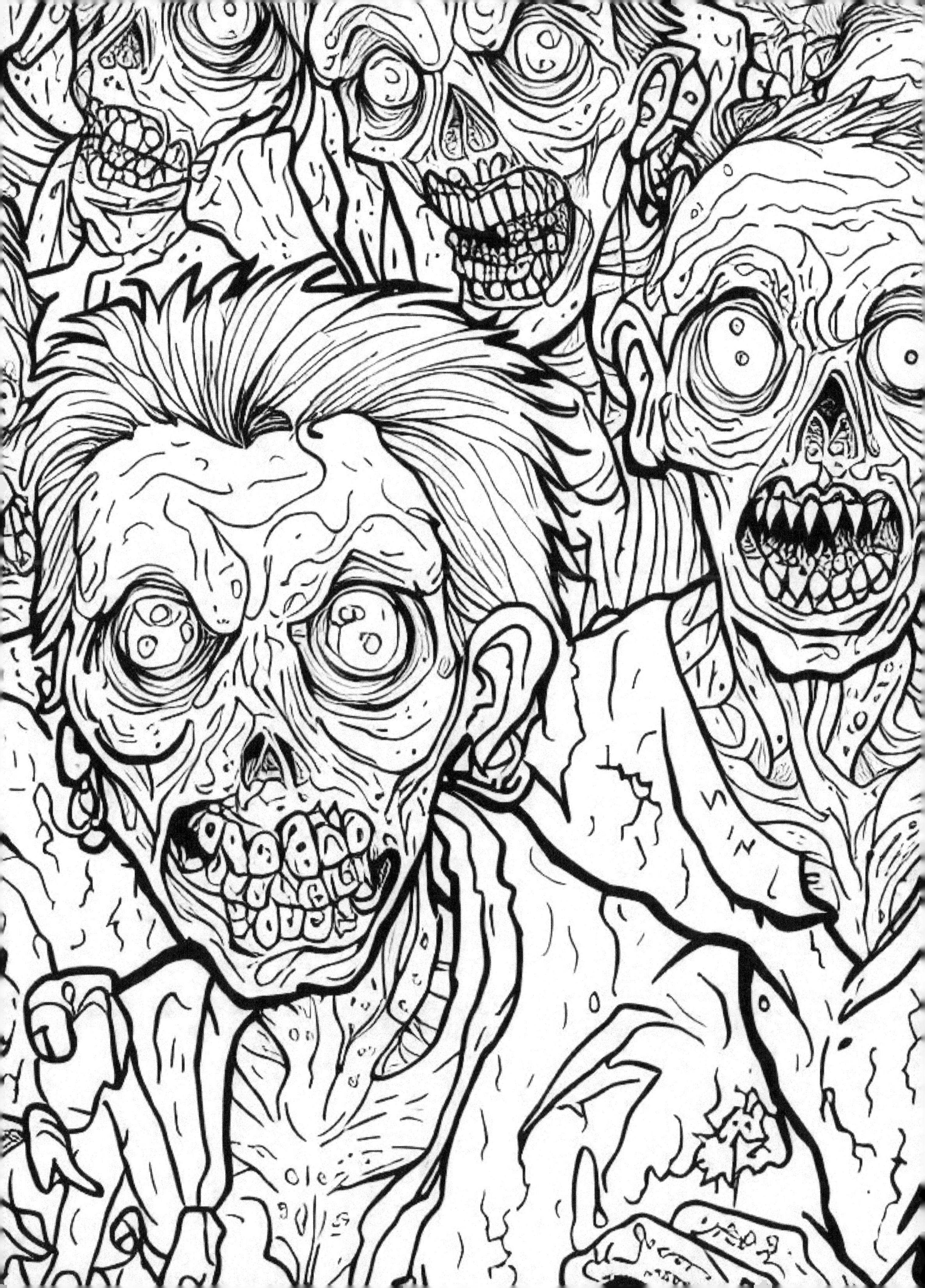

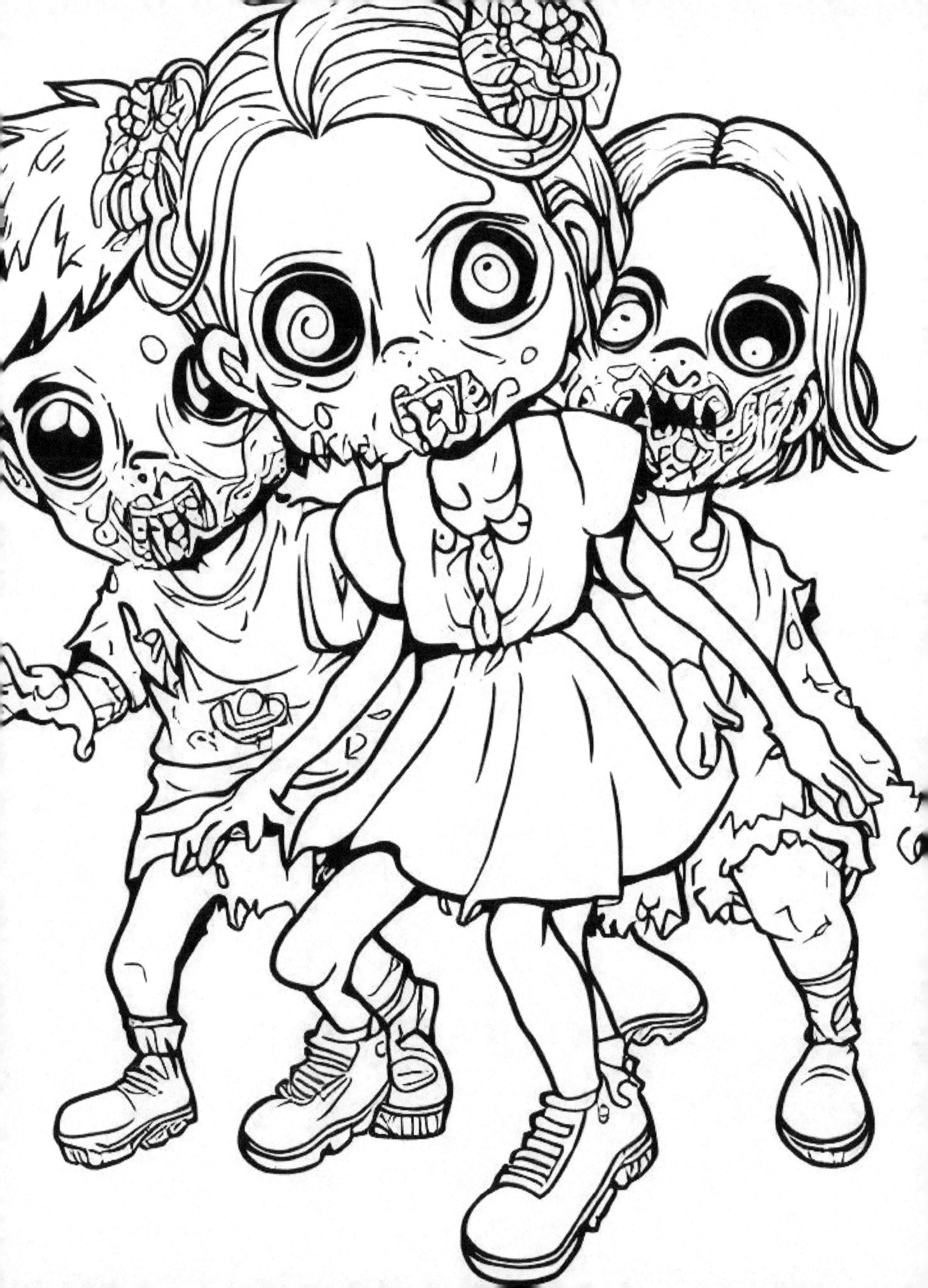

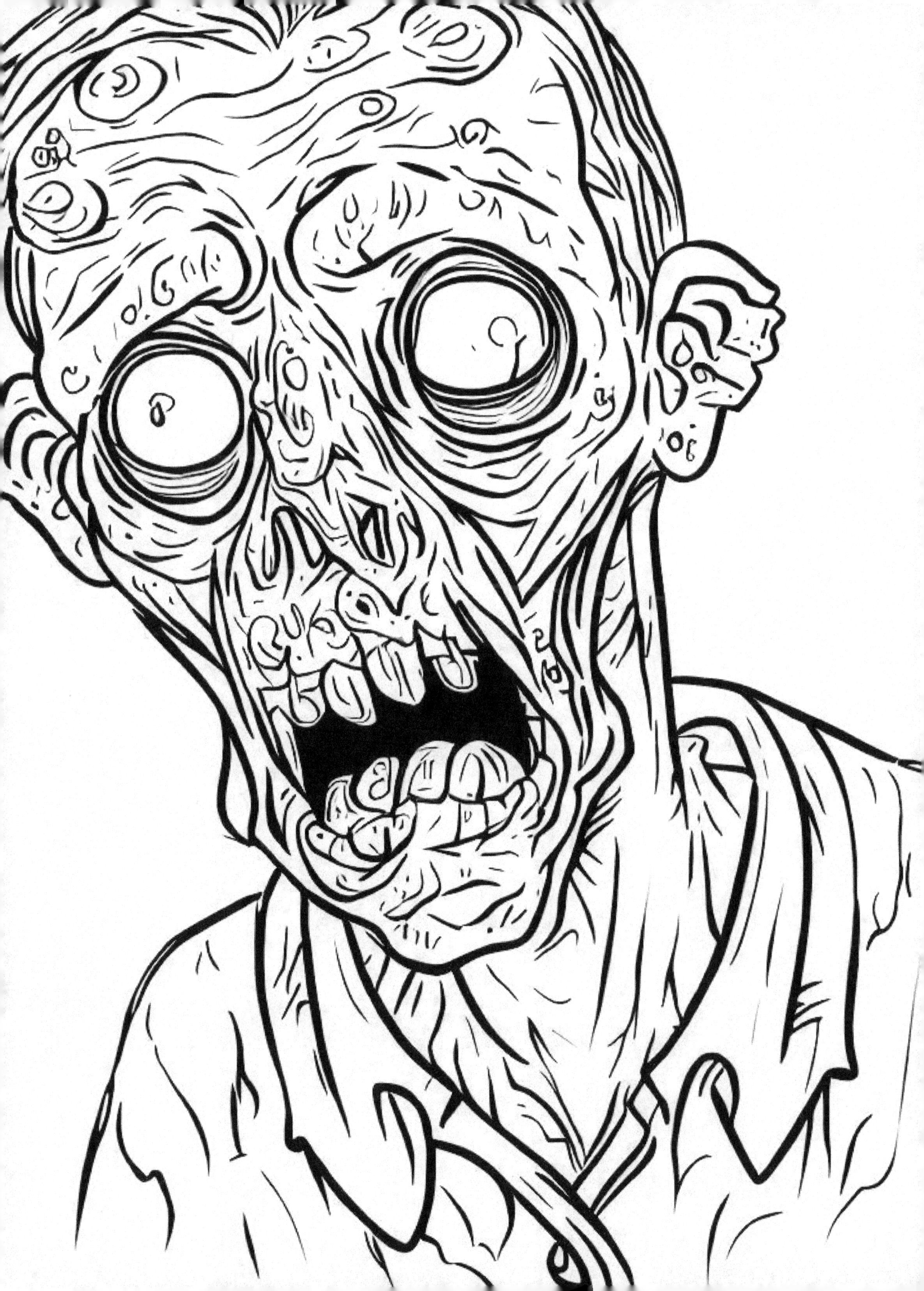

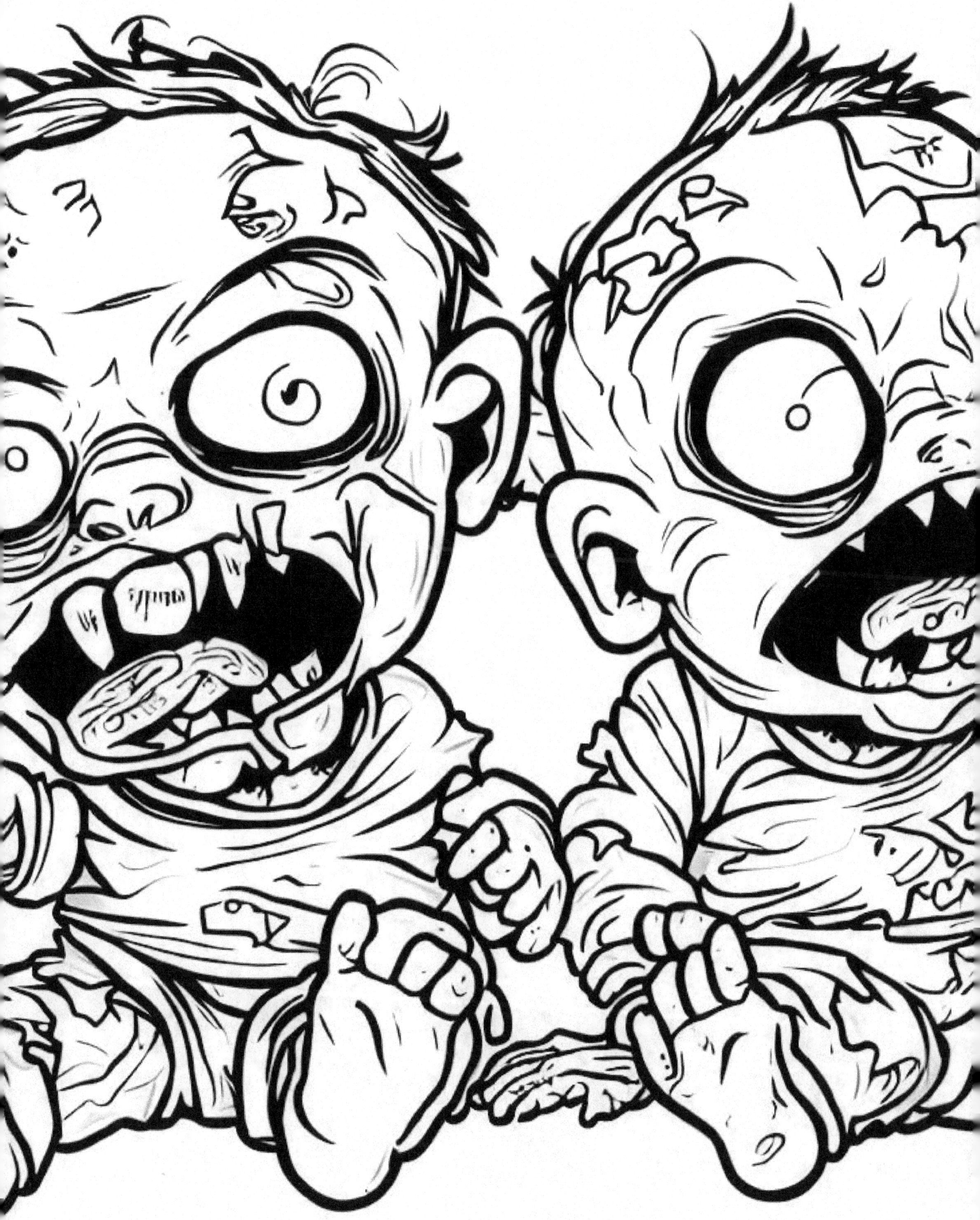

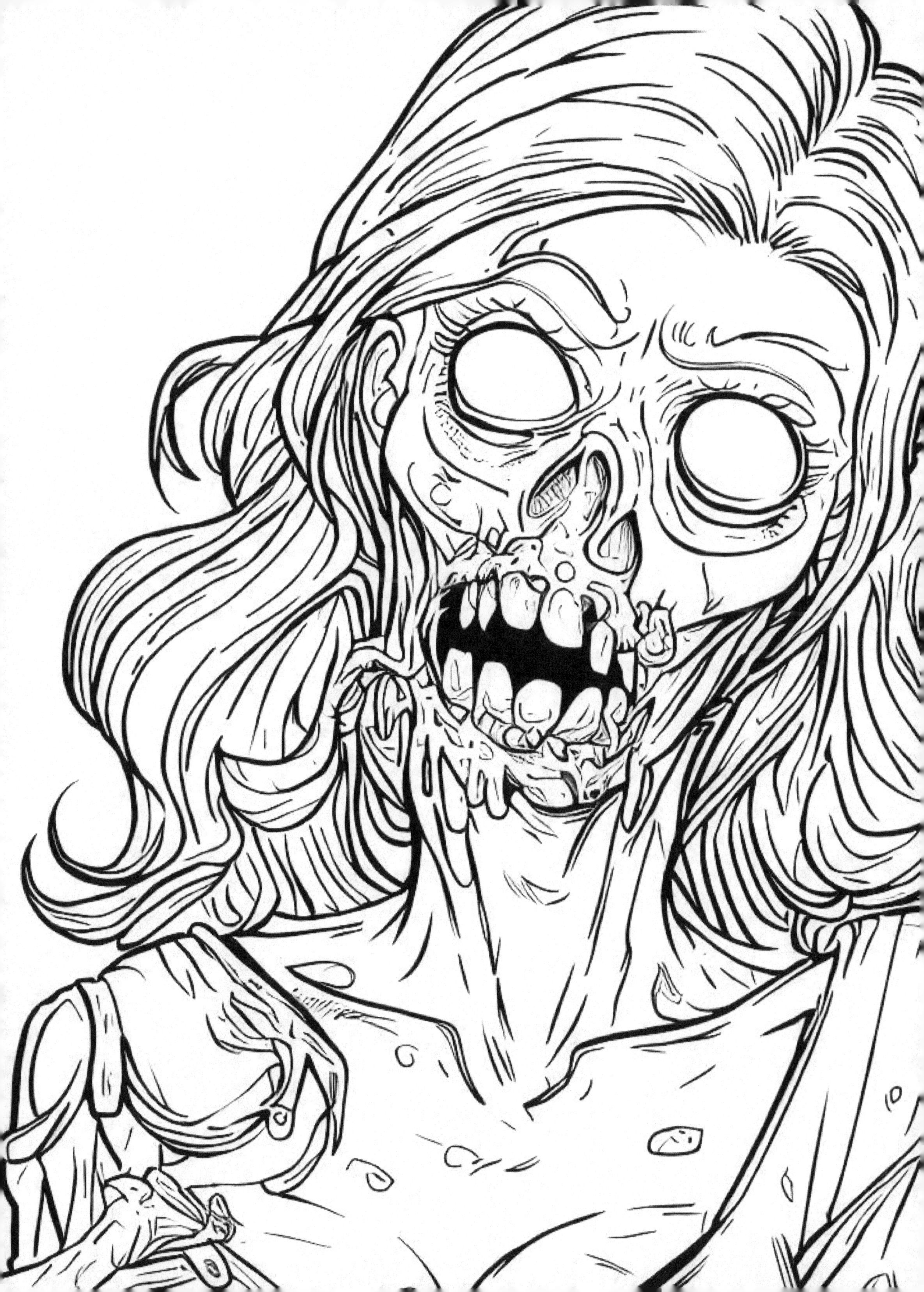

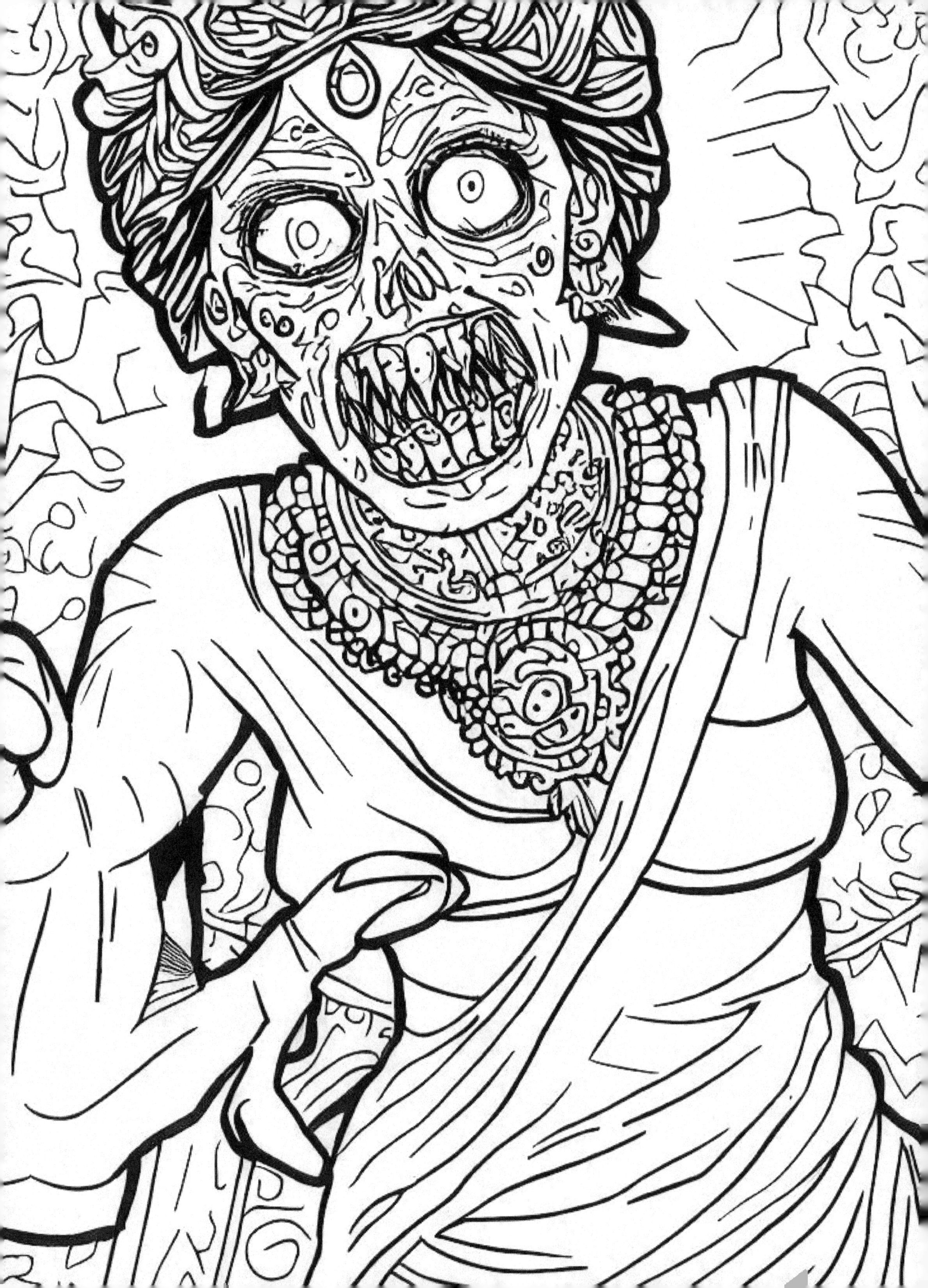

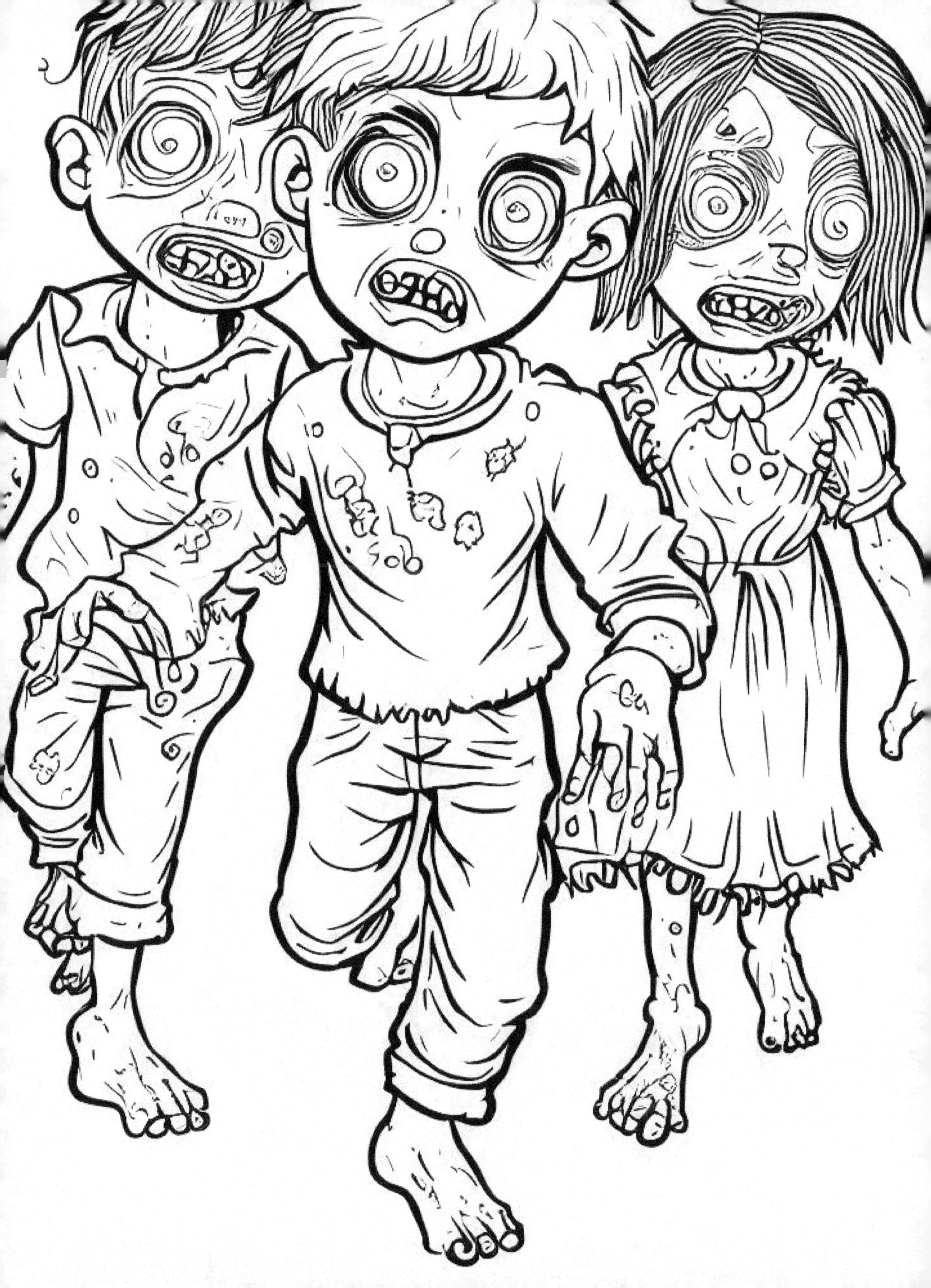

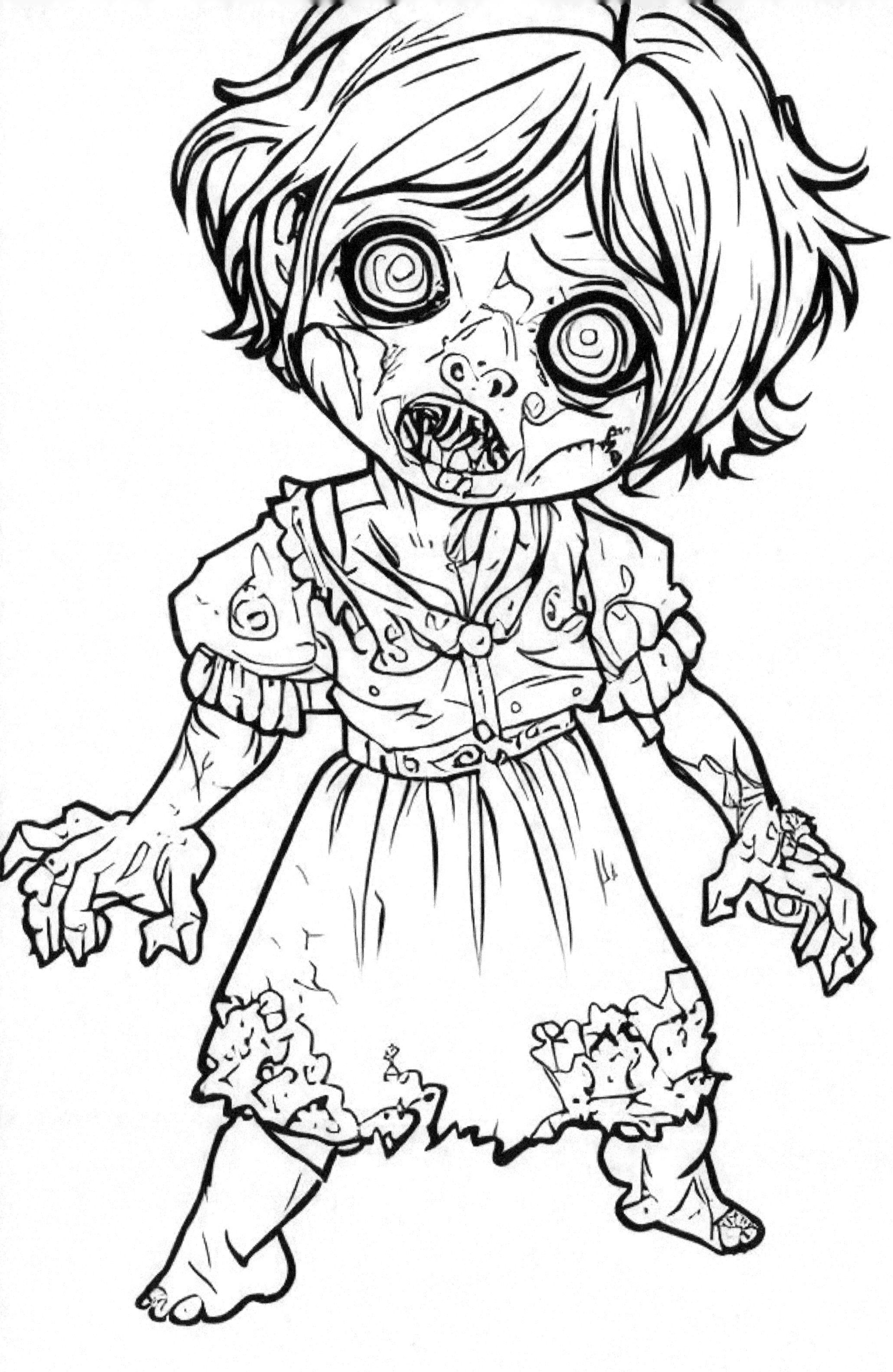

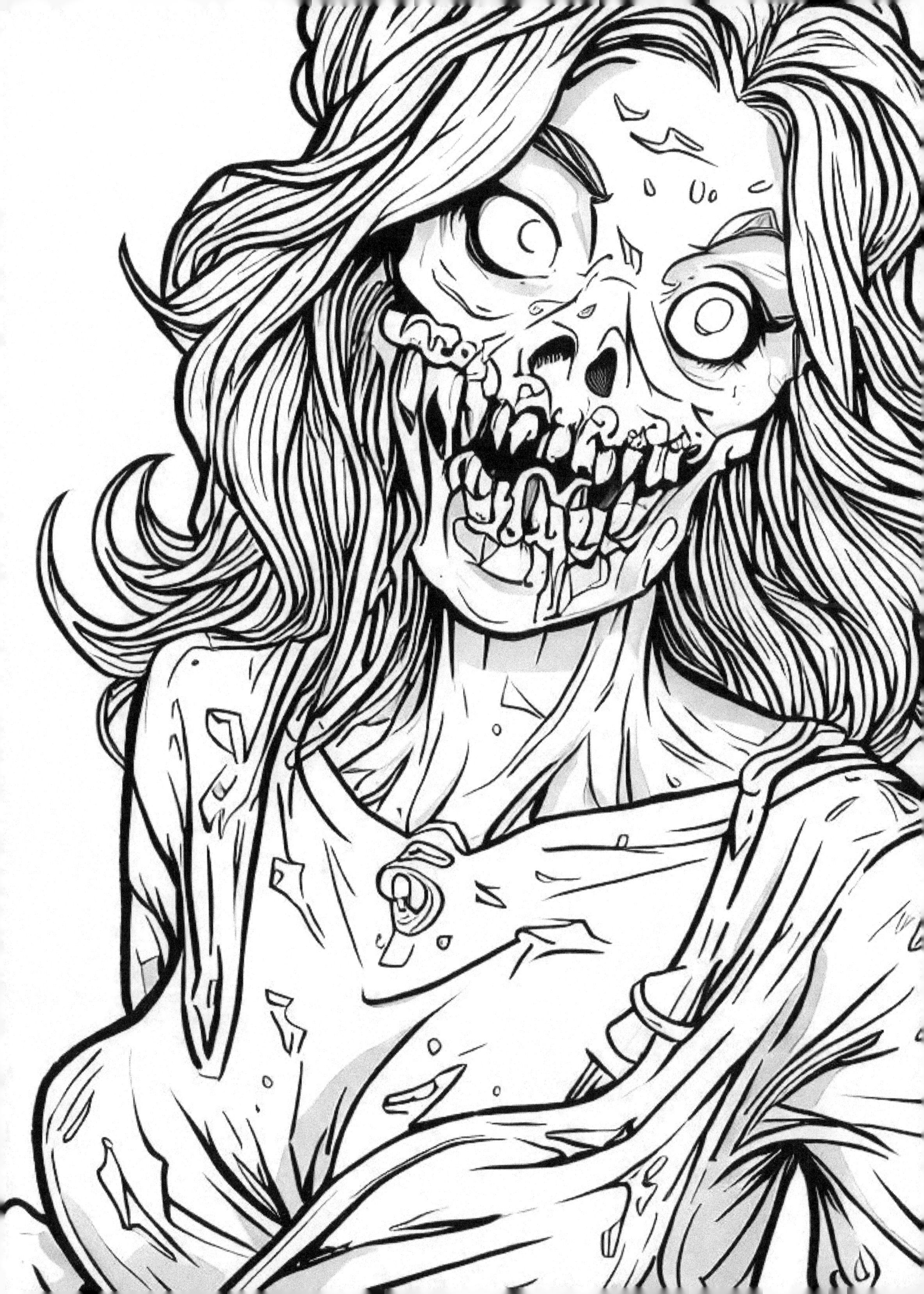

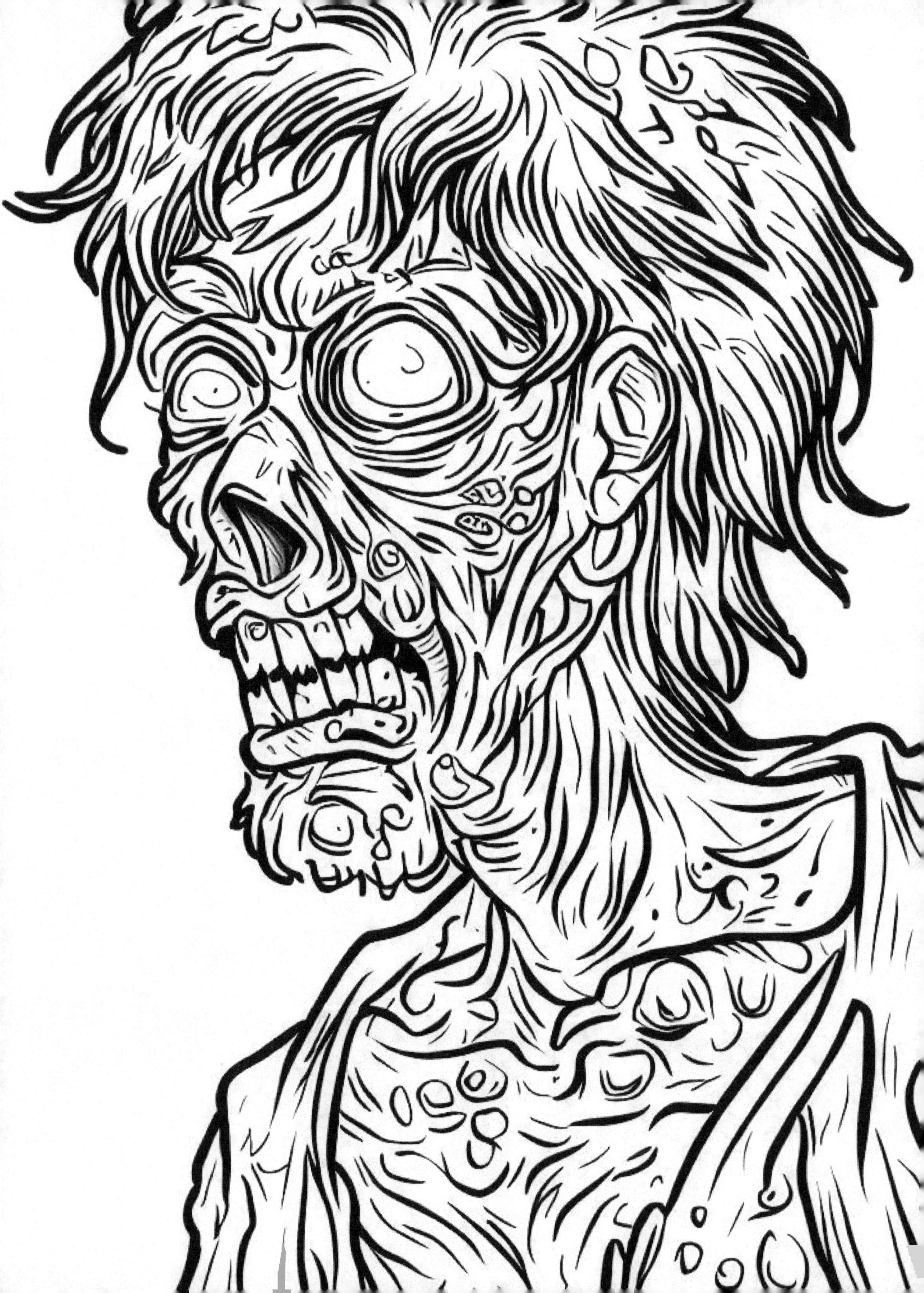

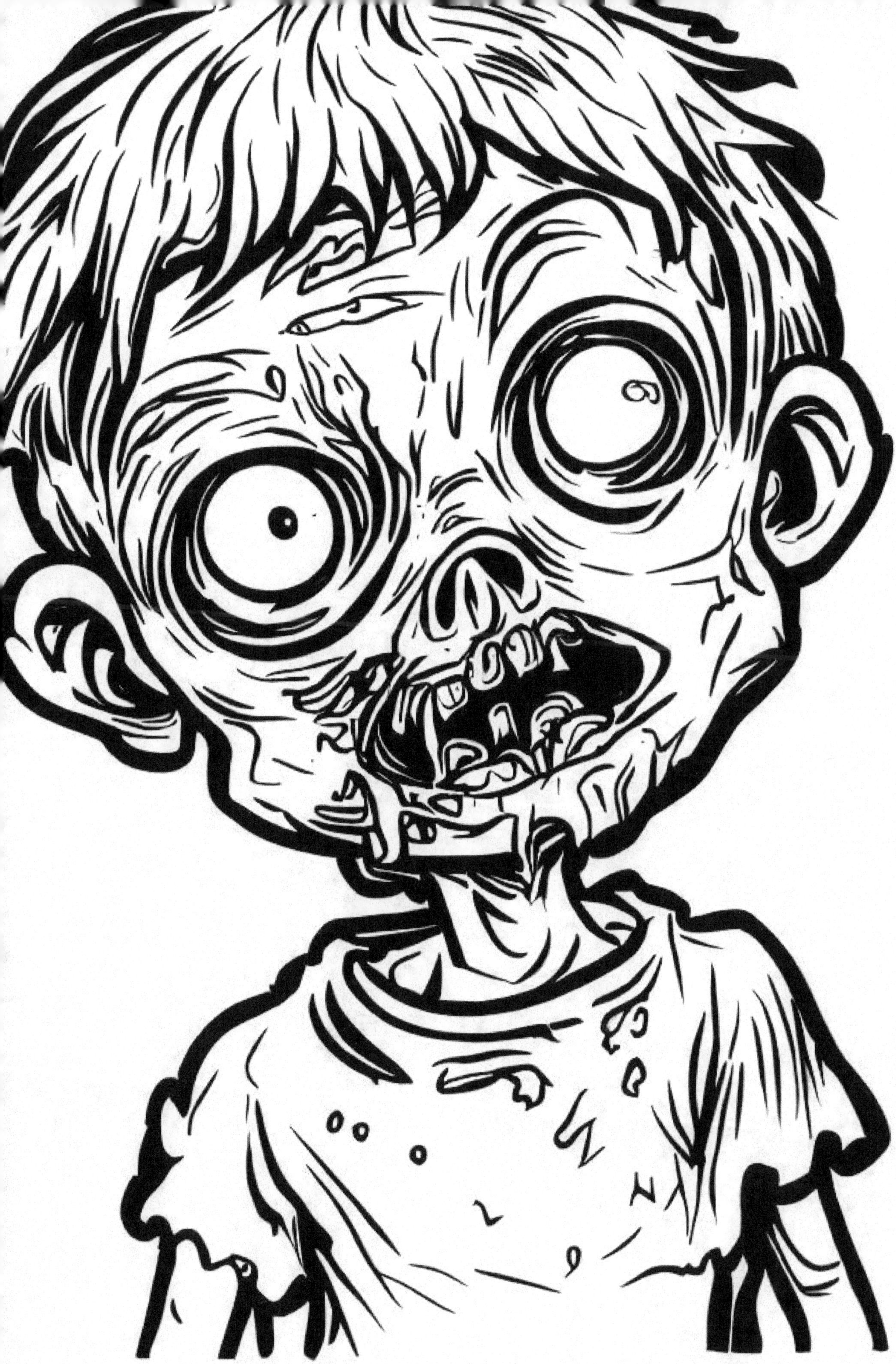

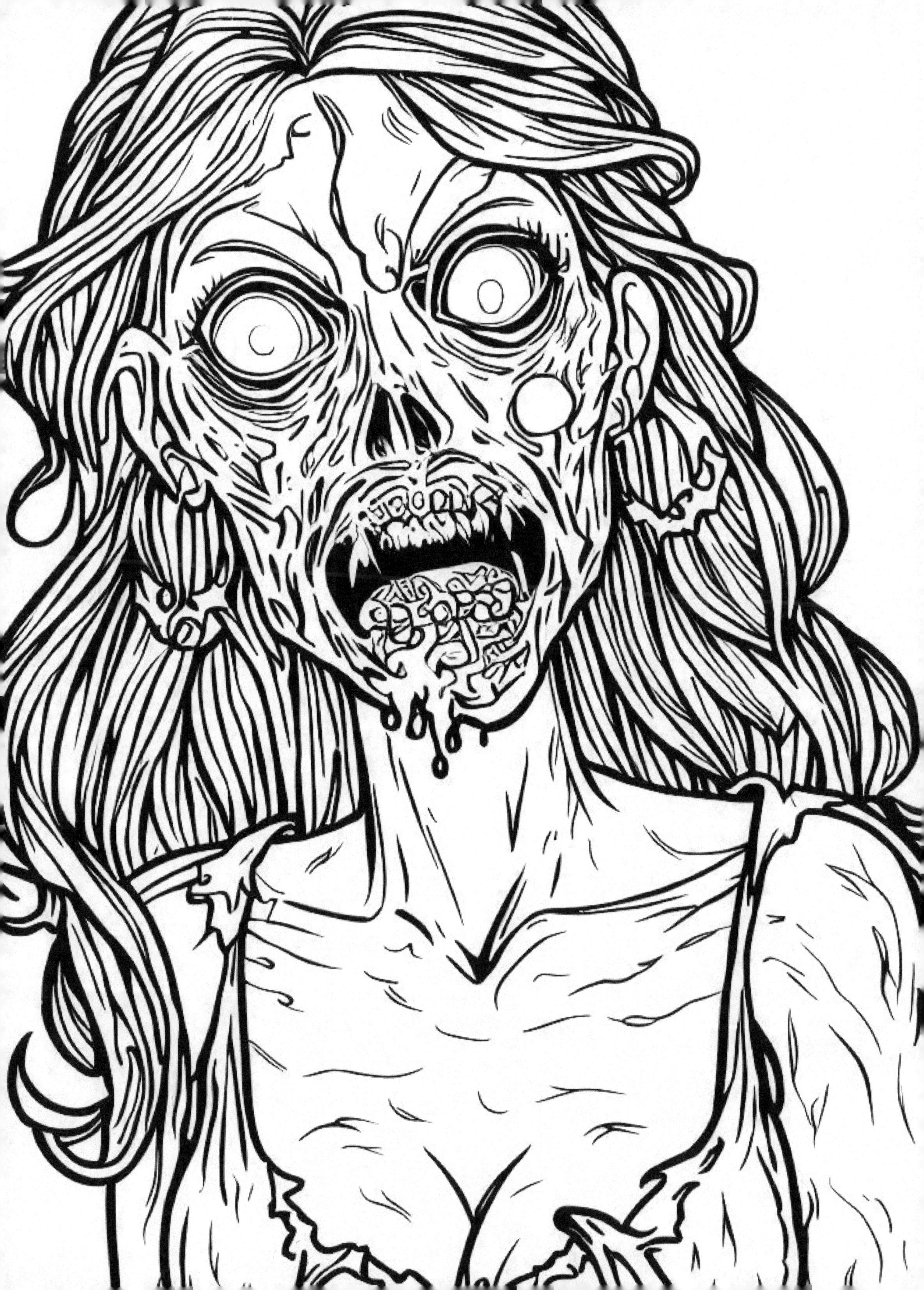

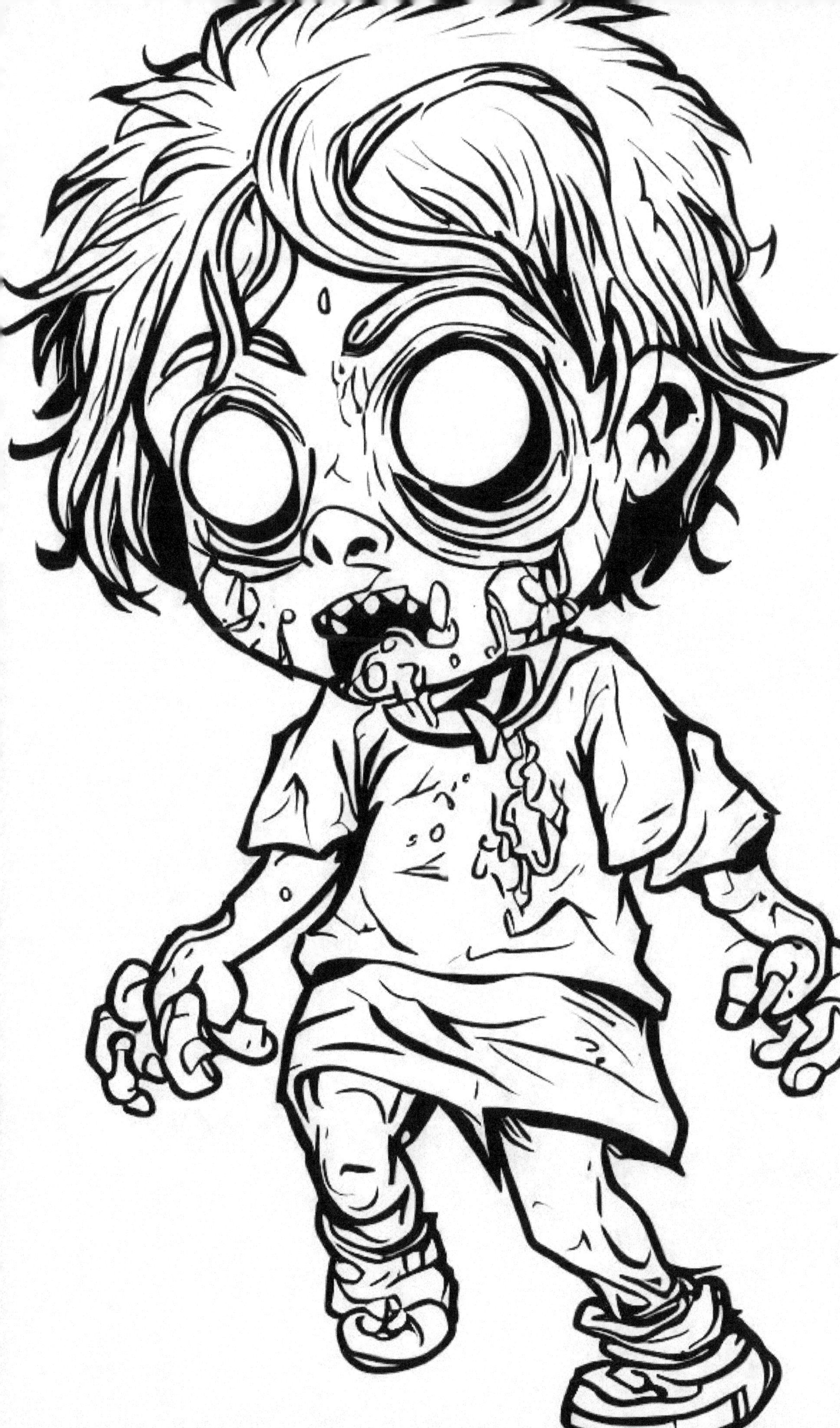

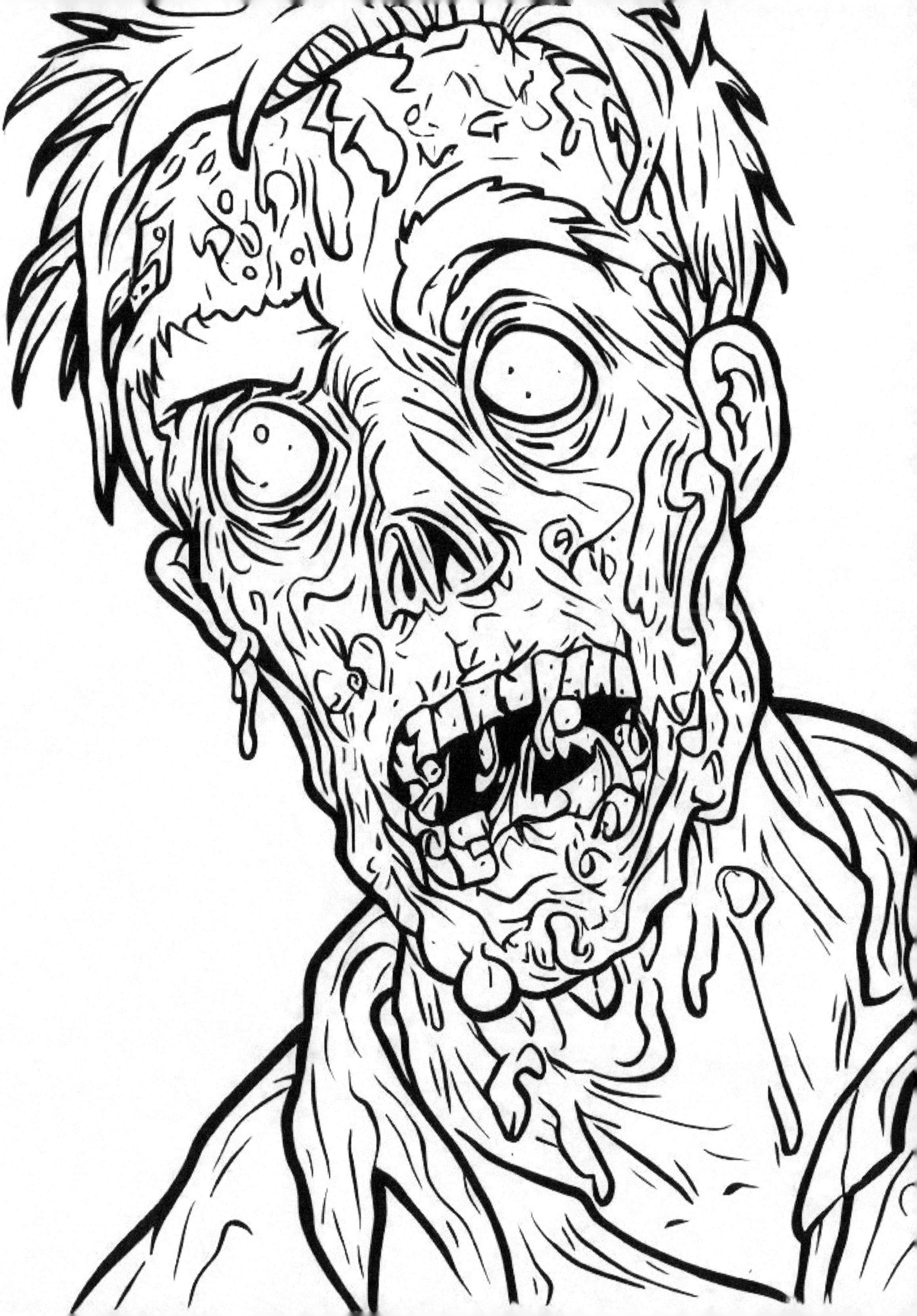

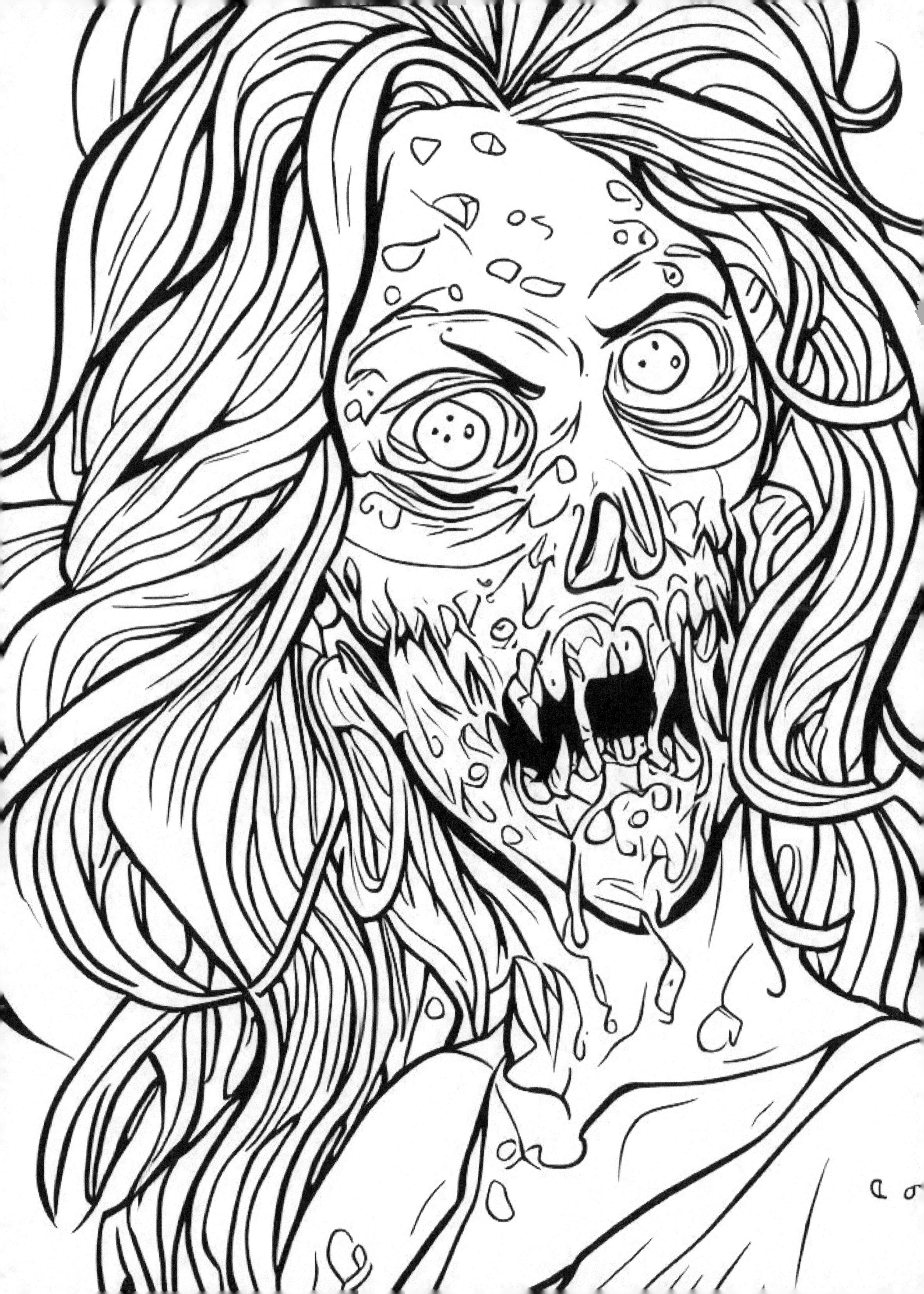

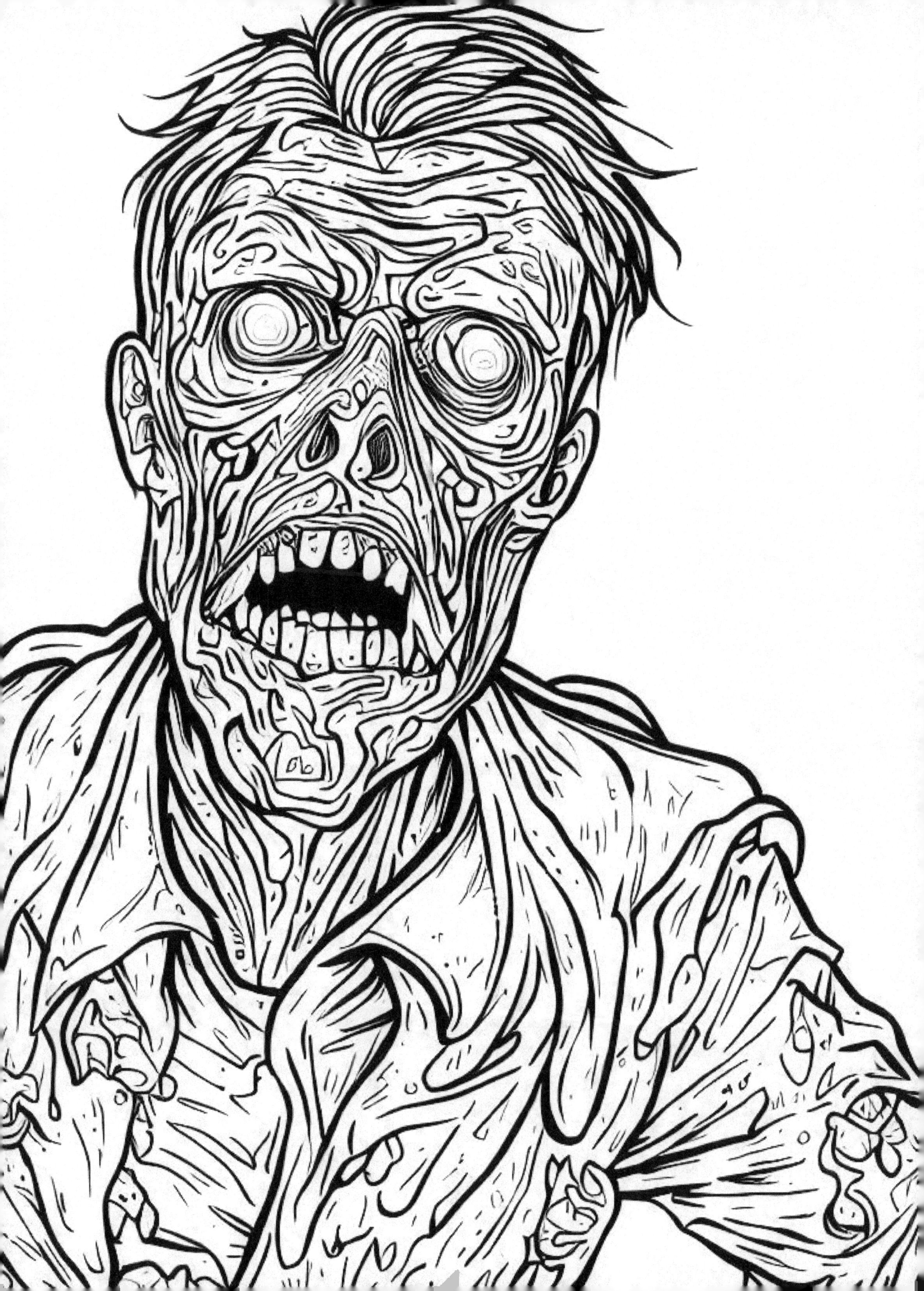

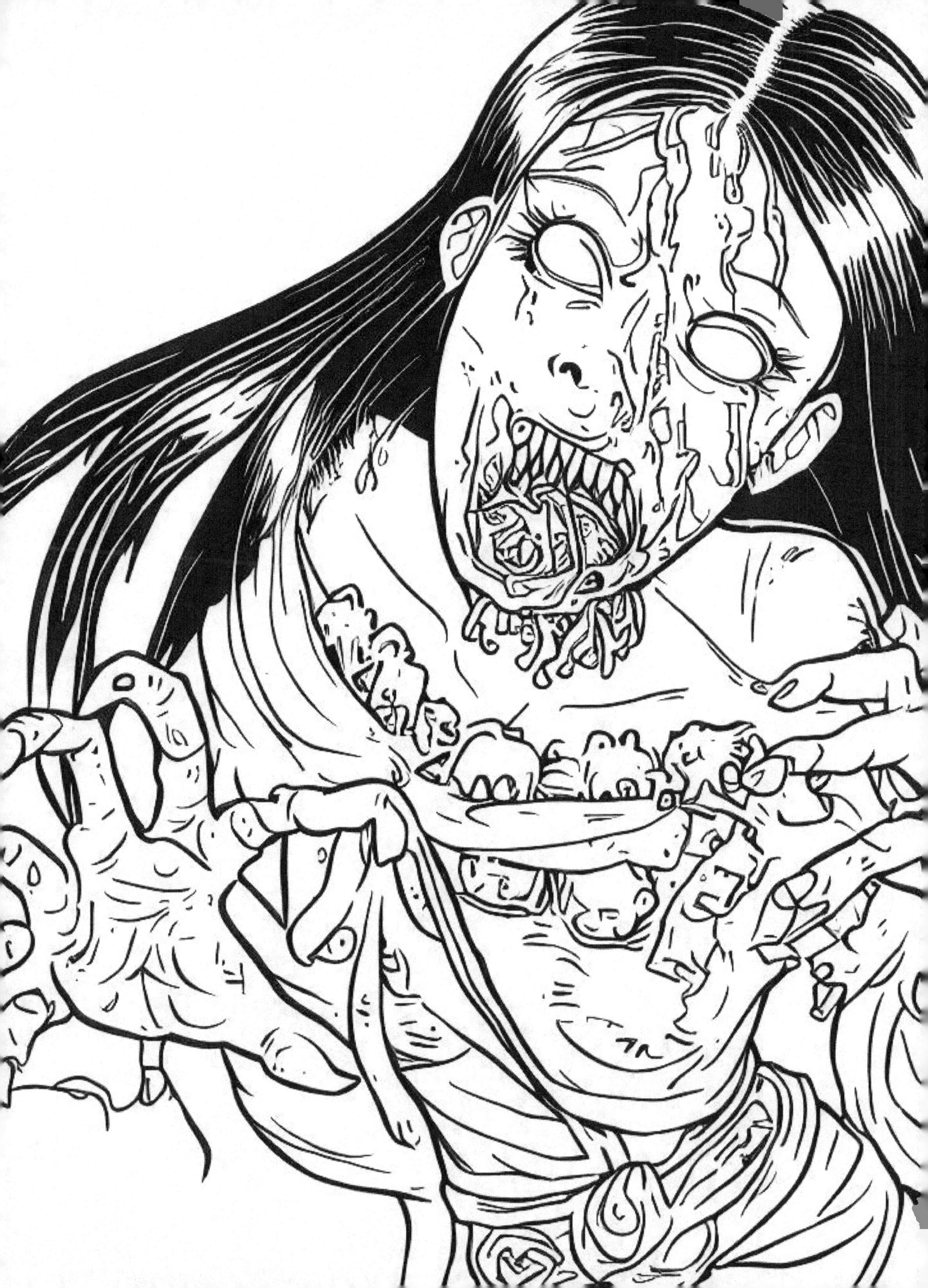

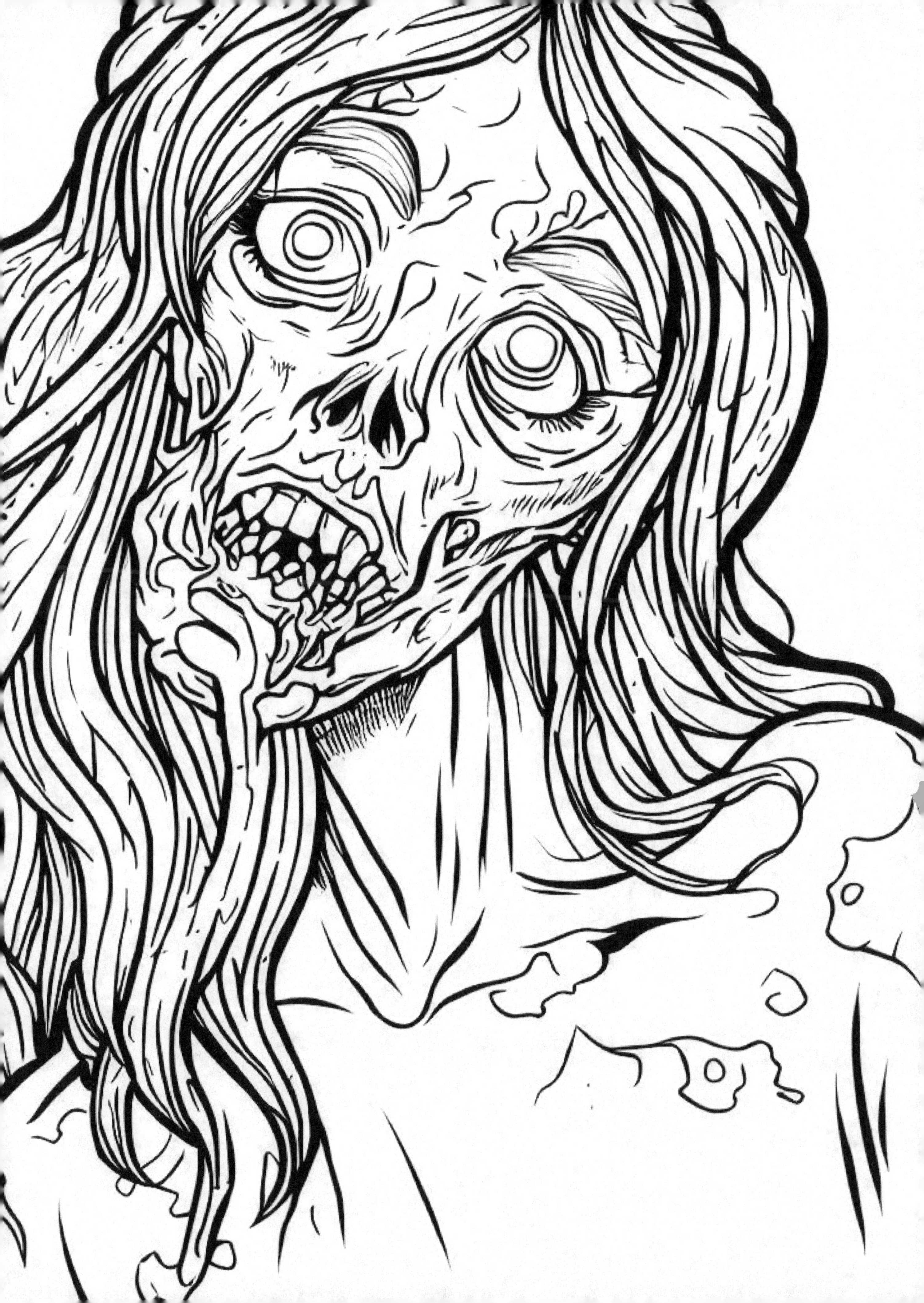

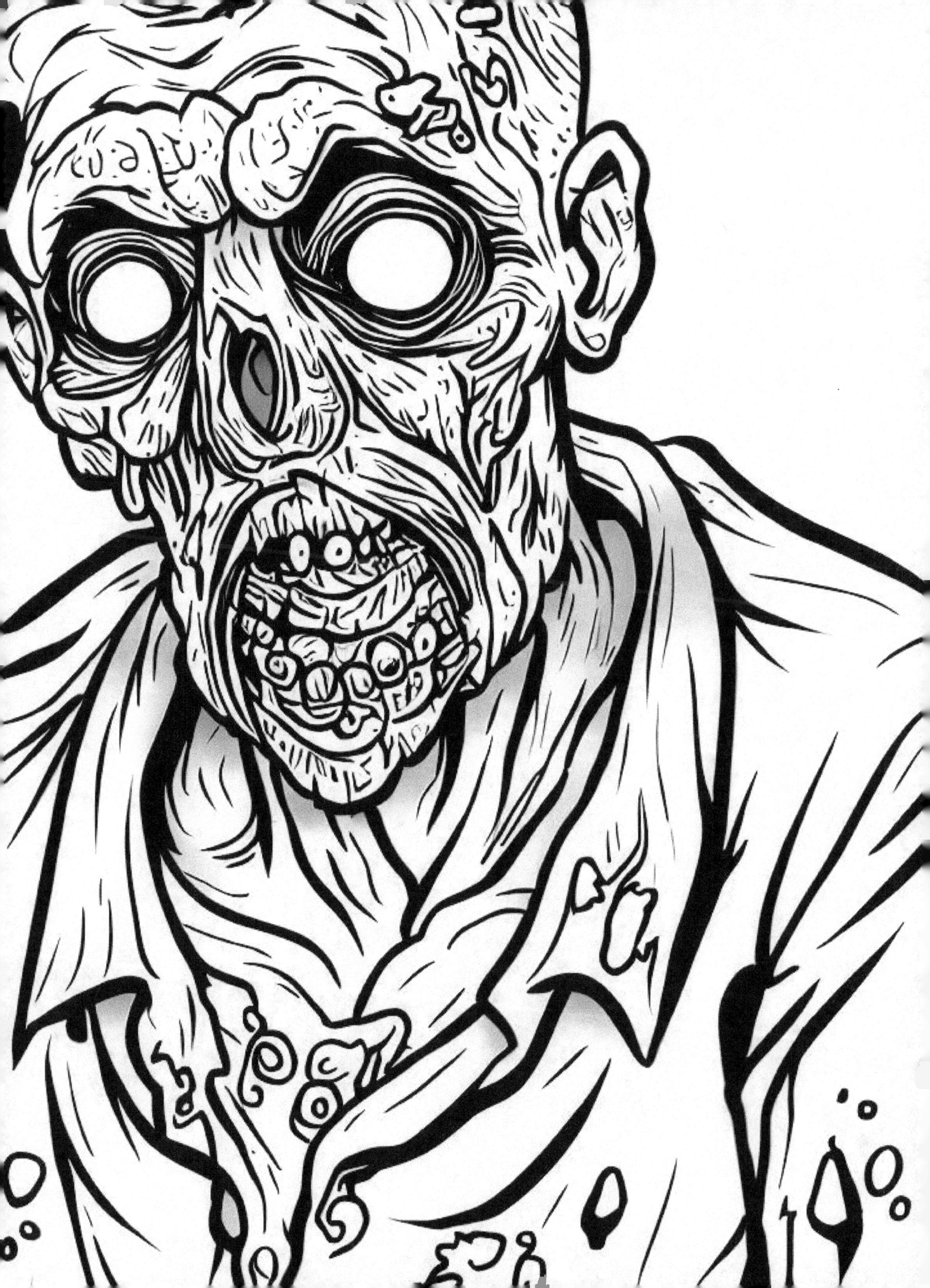

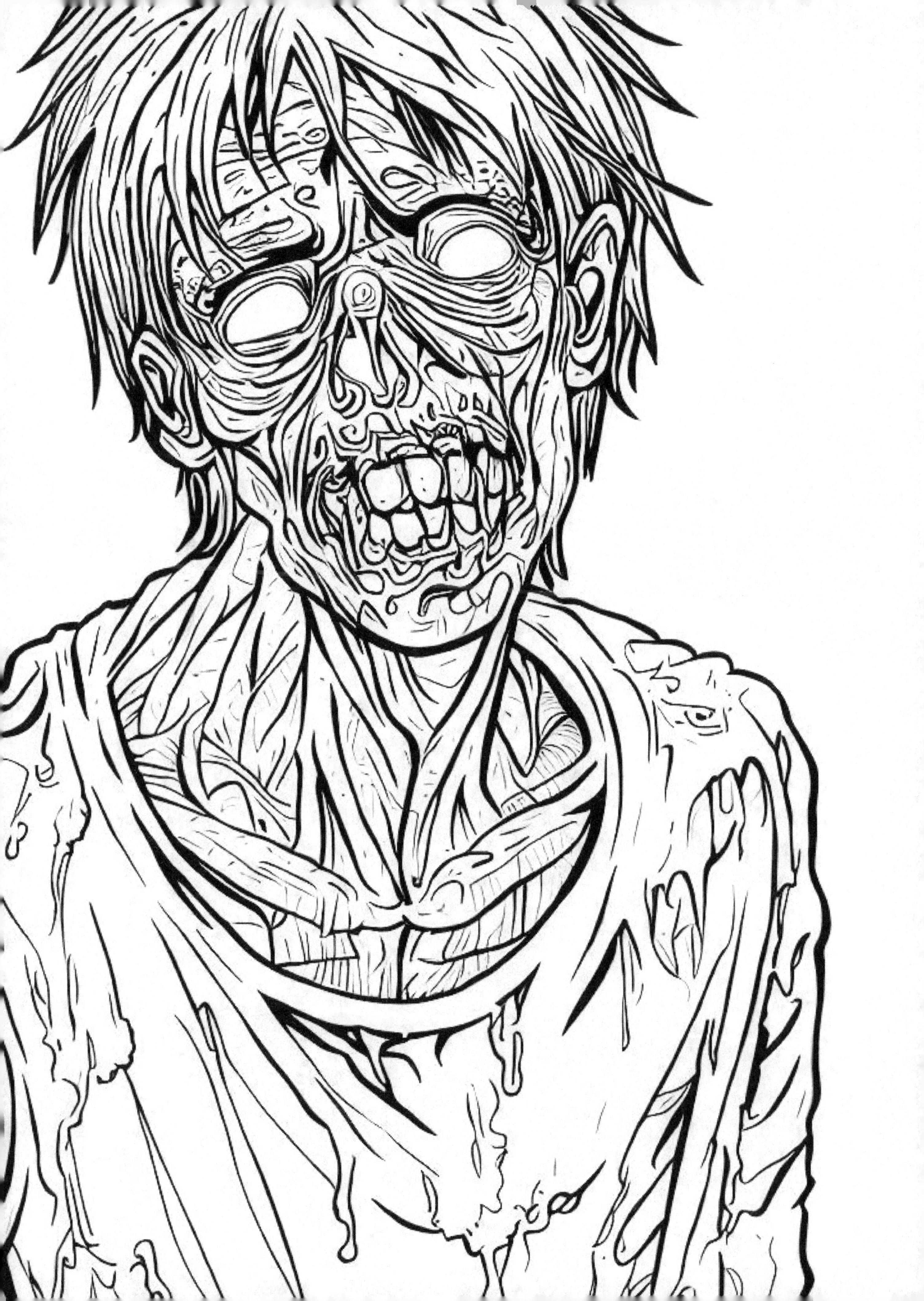

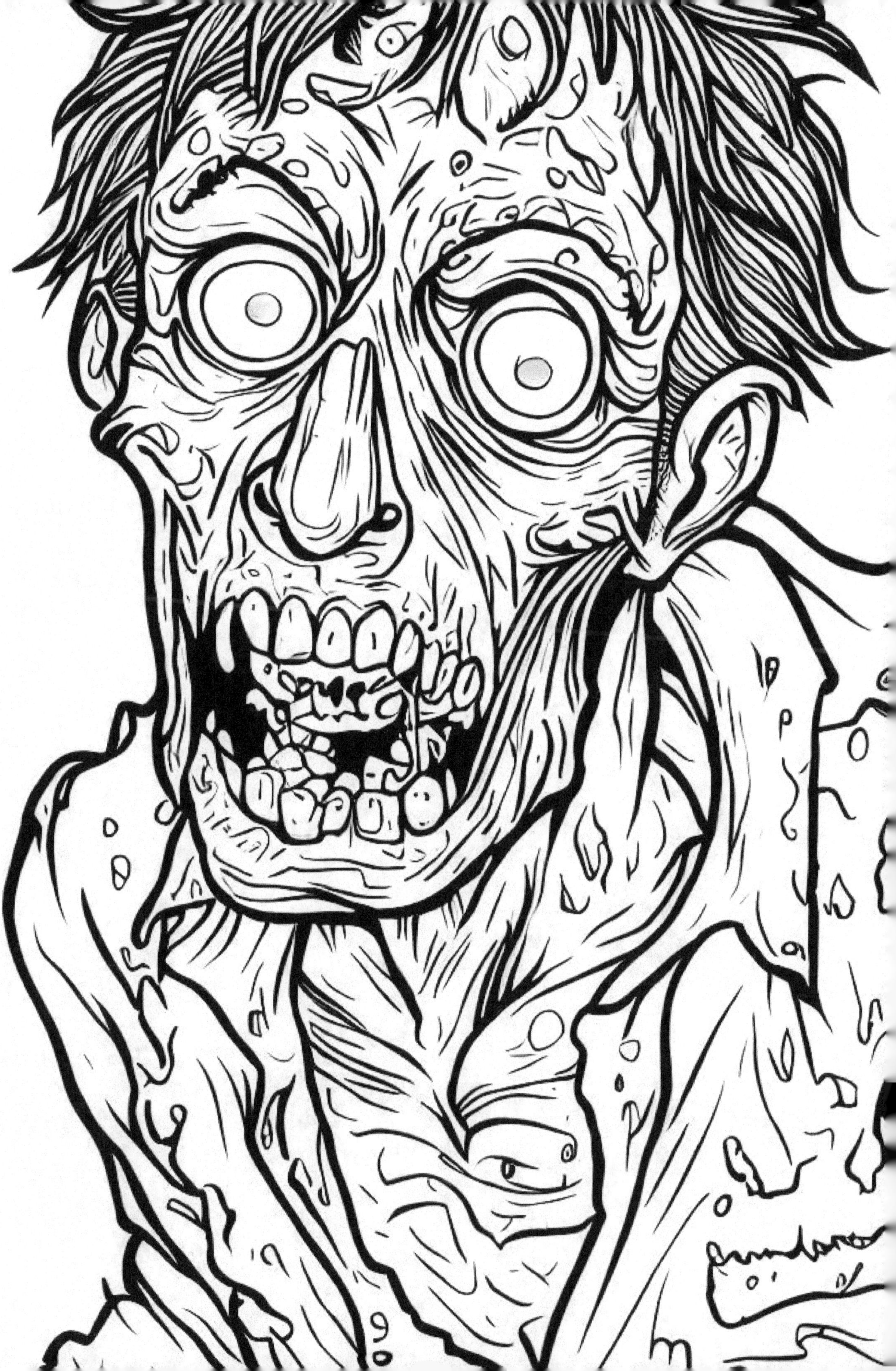

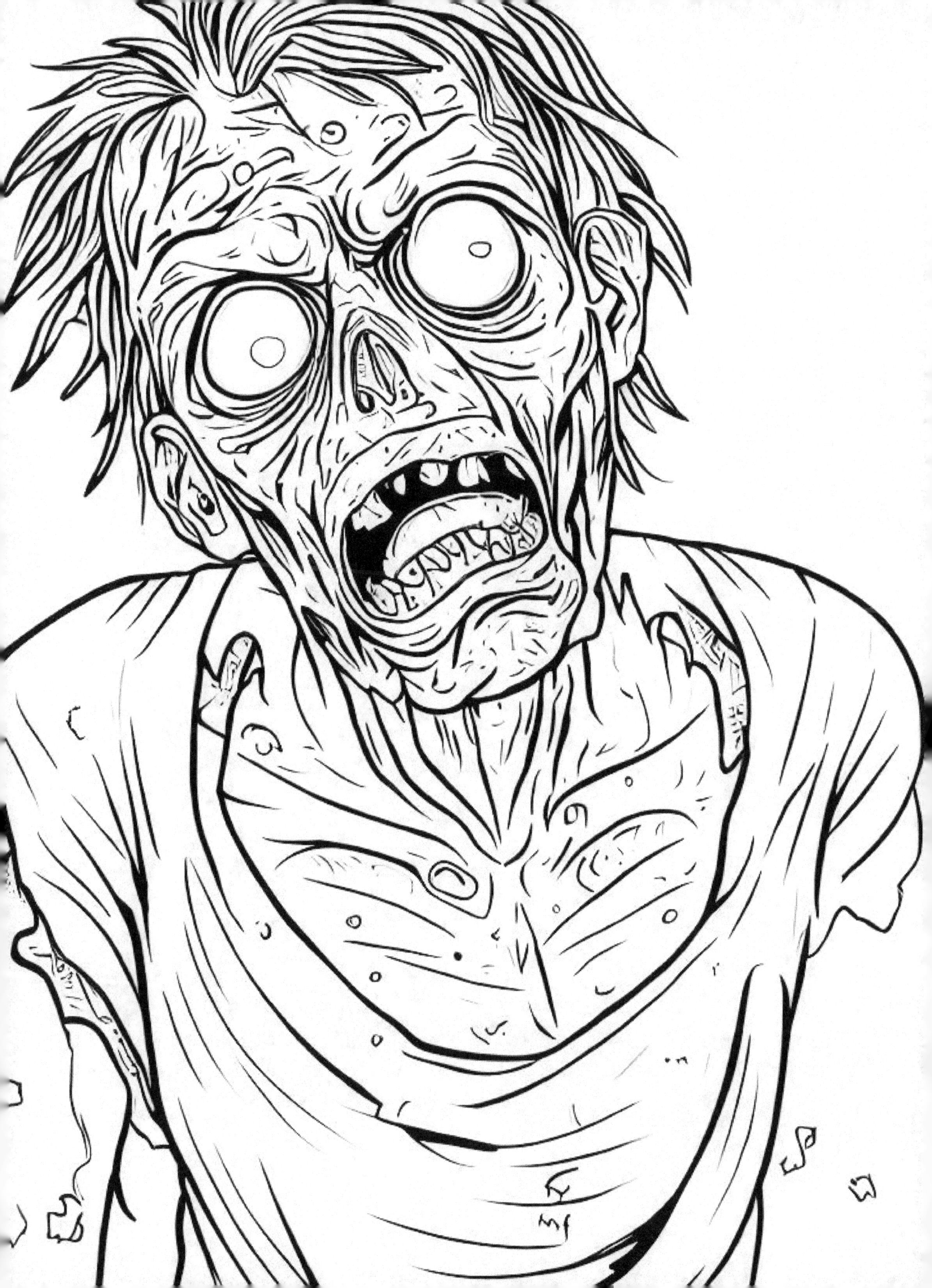

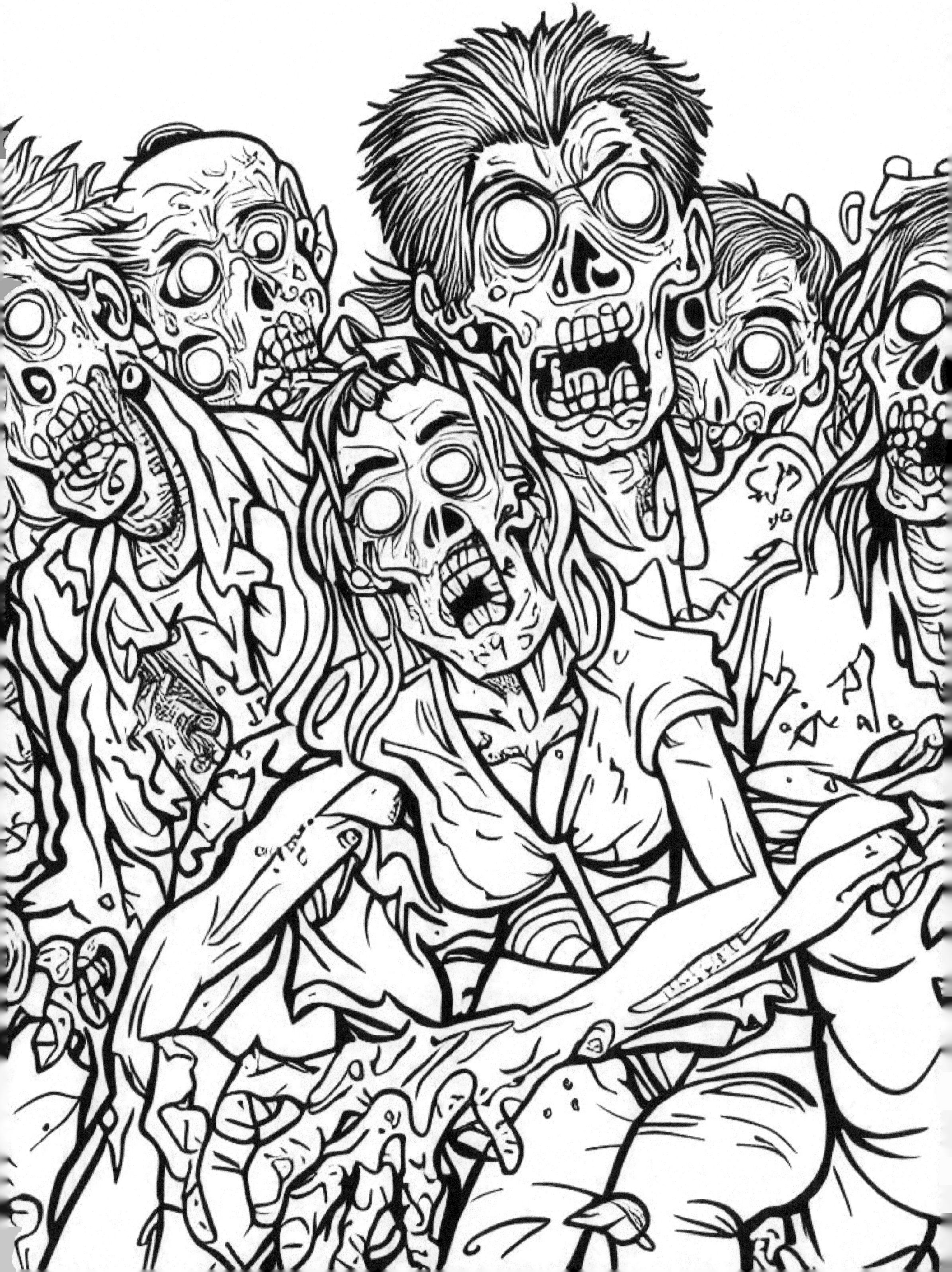

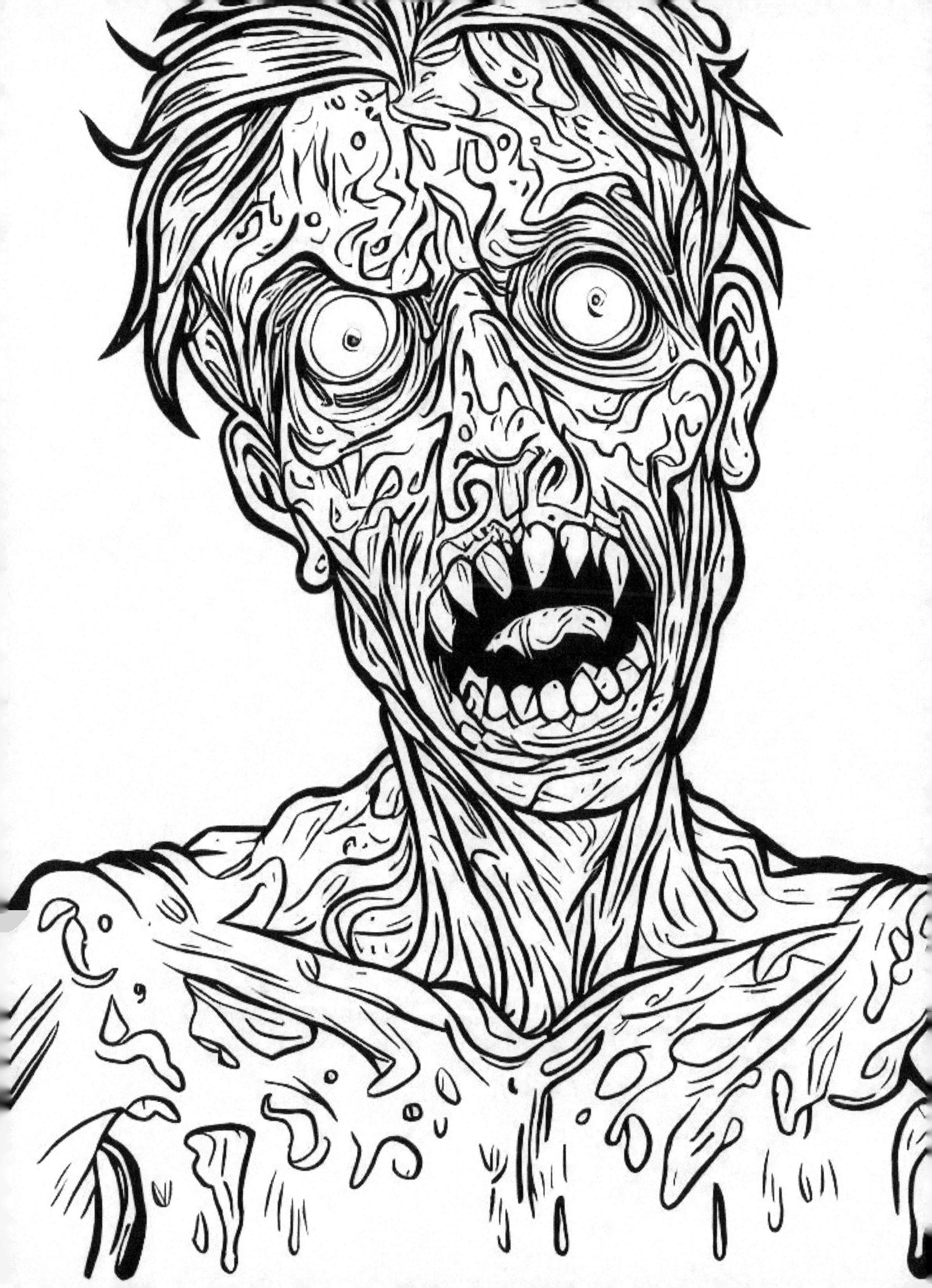

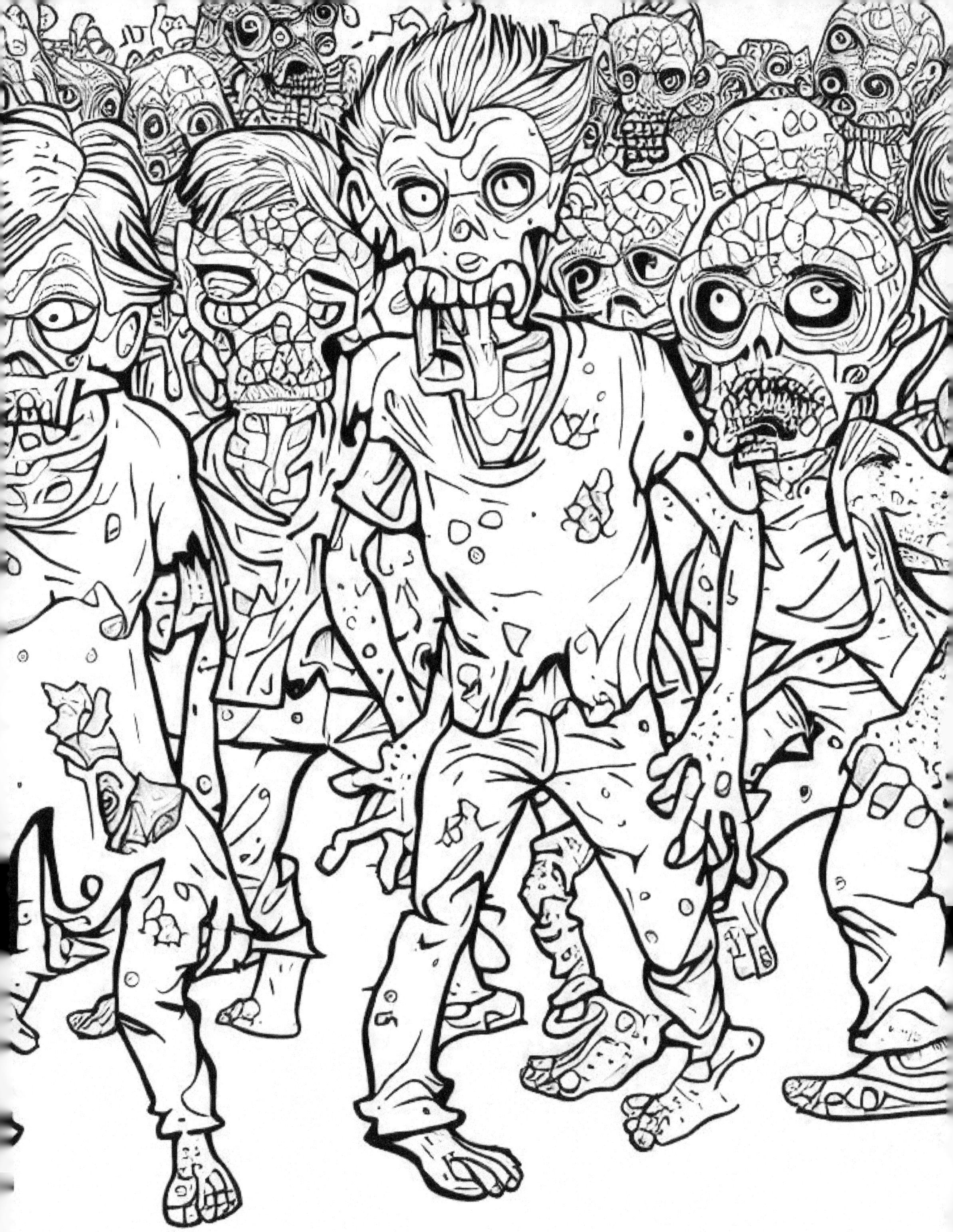

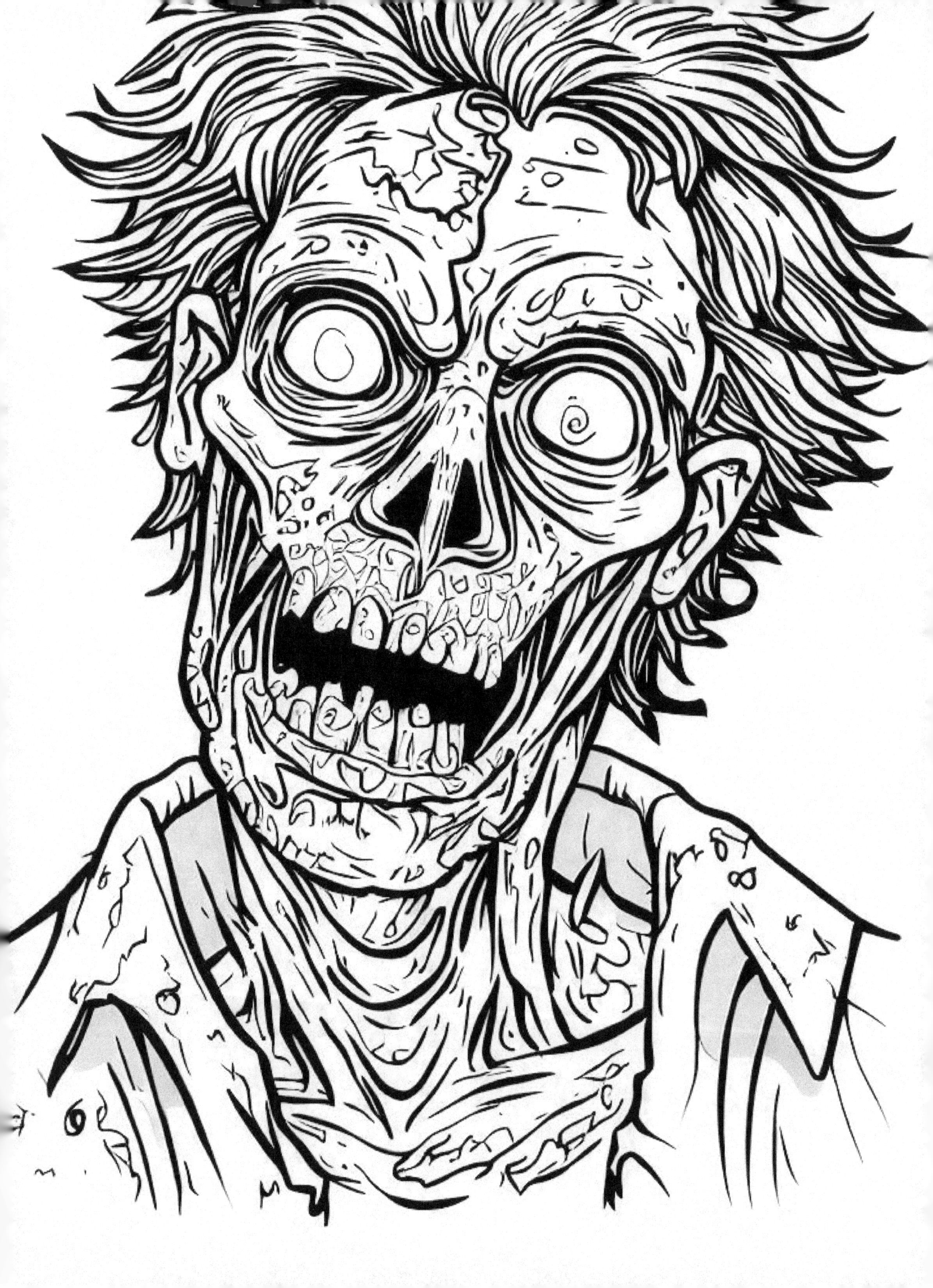

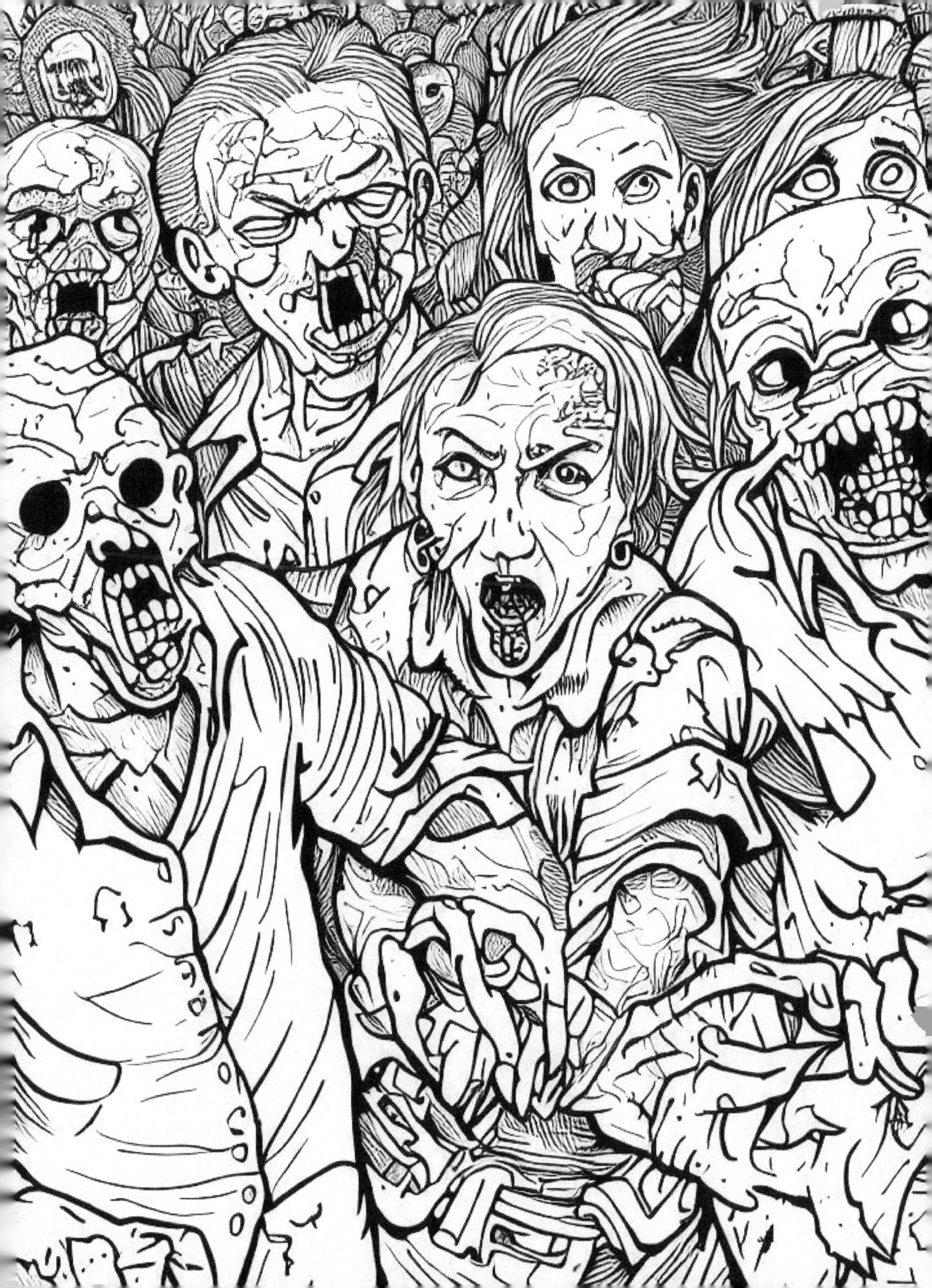

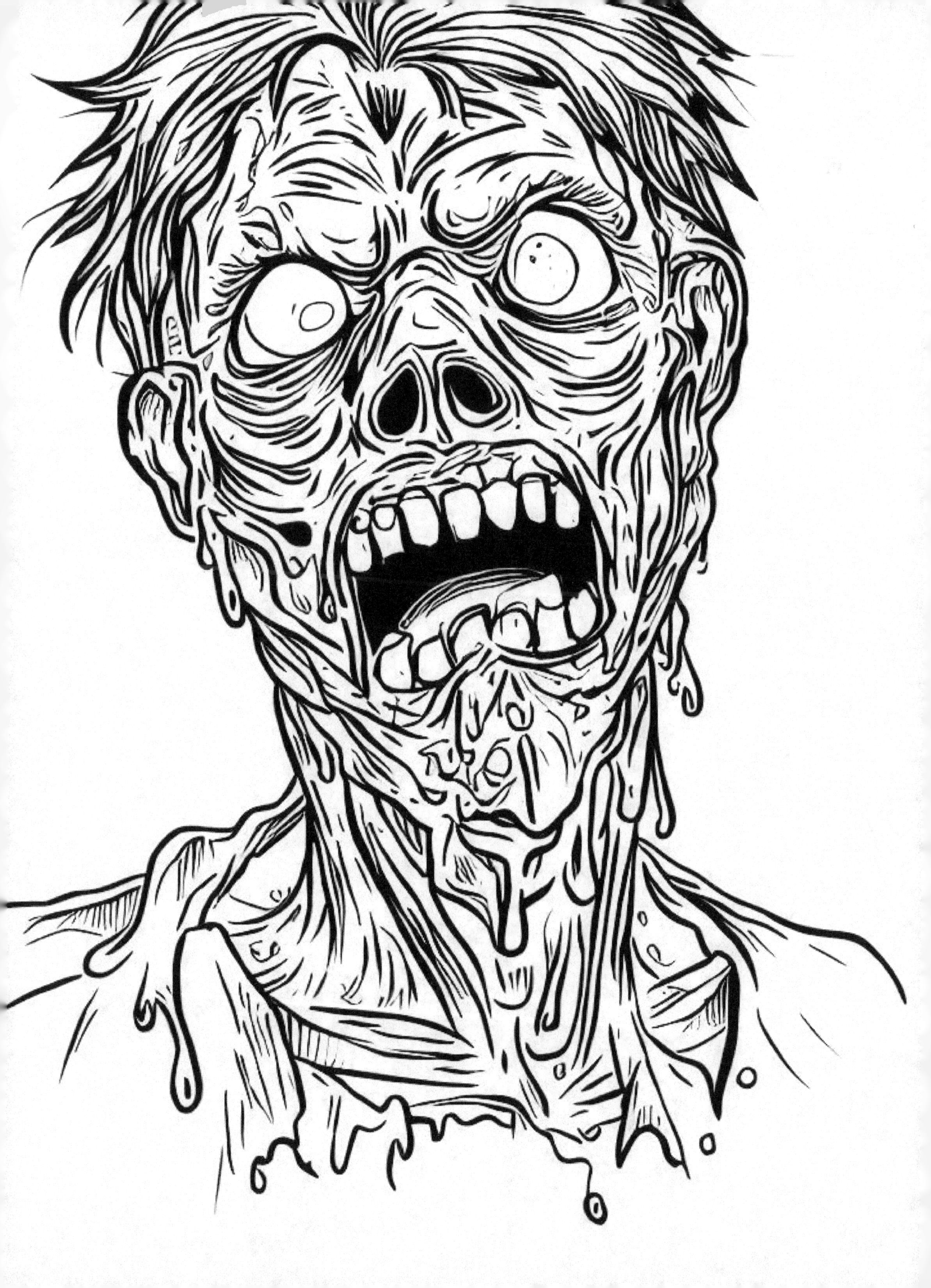

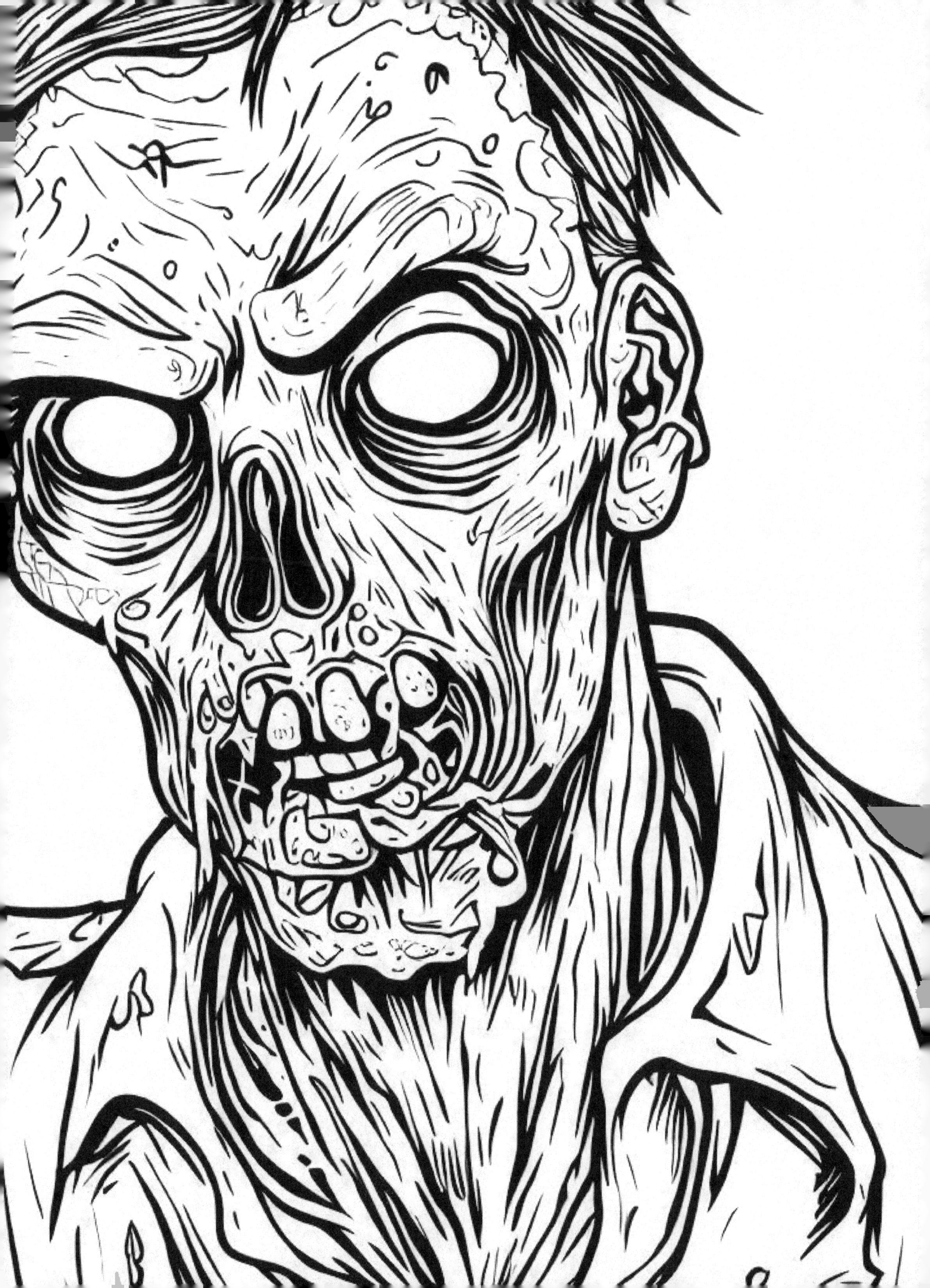

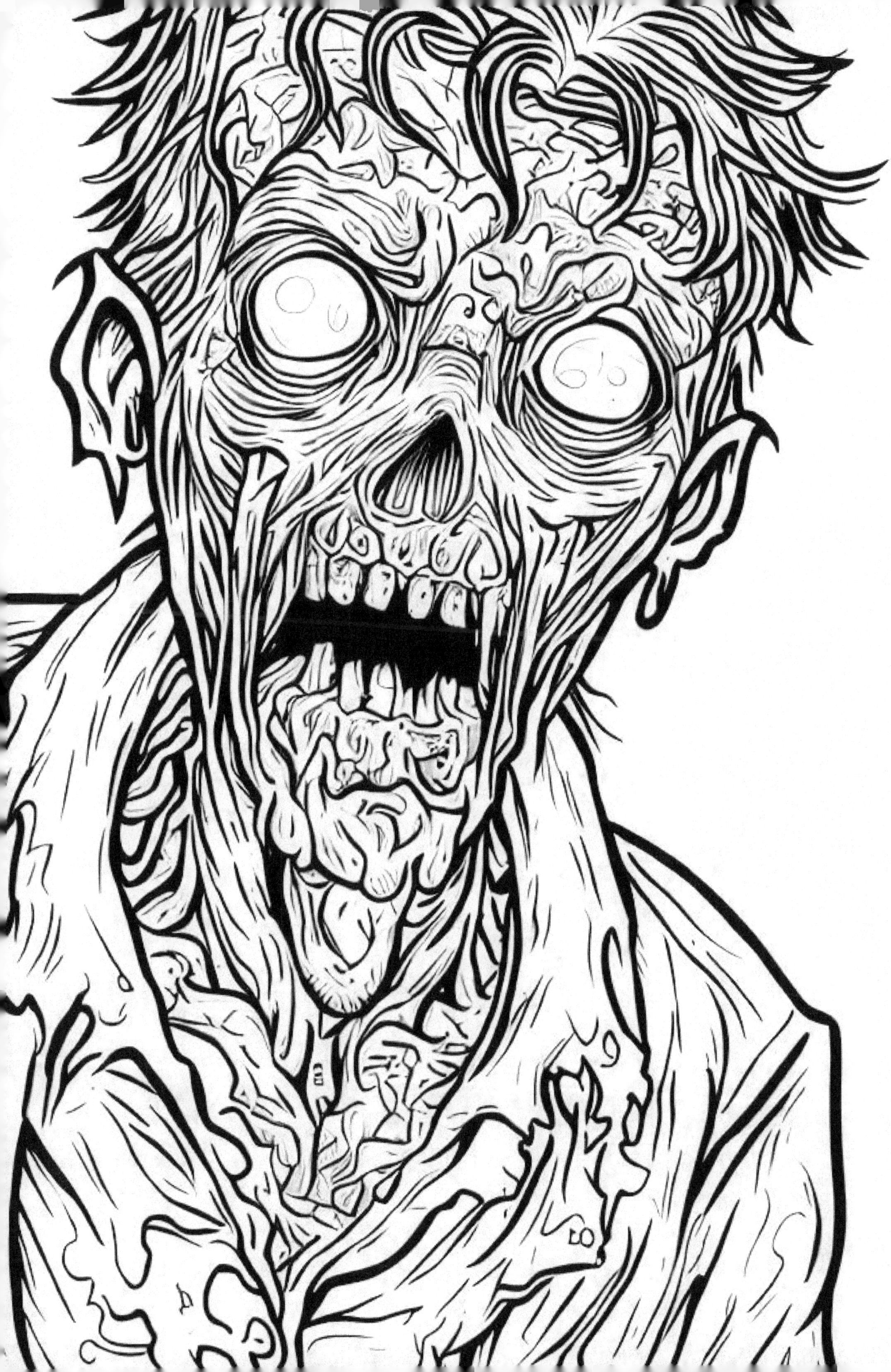

www.ingramcontent.com/pod-product-compliance
Lightning Source LLC
Chambersburg PA
CBHW080612220526
45466CB00010B/3323
* 9 7 9 8 3 9 6 6 2 7 1 7 8 *